Alois Riklin

Emmanuel Joseph Sieyes
und die
Französische Revolution

Alois Riklin

Emmanuel Joseph Sieyes und die Französische Revolution

Stämpfli Verlag AG Bern

Manzsche Verlags- und Universitätsbuchhandlung Wien
2001

Kleine politische Schriften
Herausgegeben von Alois Riklin
8/2001

Bildnachweis
Umschlag: Portrait von David 1817
Harvard University Art Museums
Übrige: Réunion des Musées Nationaux
Paris

Die Deutsche Bibliothek - CIP-Einheitsaufnahme
Riklin, Alois:
Emmanuel Joseph Sieyes und die Französische
Revolution / Alois Riklin.
- Bern : Stämpfli; Wien : Manz, 2001
(Kleine politische Schriften ; Bd. 8)
ISBN 3-7272-9933-9
ISBN 3-214-00252-X

Gesamtherstellung: Stämpfli AG,
Grafisches Unternehmen, Bern
Printed in Switzerland

ISBN 3-7272-9933-9 (Stämpfli)
ISBN 3-214-00252-X (MANZ)

Gewidmet in Dankbarkeit dem Collegium Budapest, wo dieses Buch in der herrlichen Ambiance der Burg begonnen, aber dank anregenden Kolleginnen und Kollegen nicht wie geplant zu Ende geschrieben wurde.

Versailles, 17. Juni, Nationalversammlung: Die Einheit von Ort, Zeit und Handlung birgt den dramatischen Stoff, der Stefan Zweig zur literarischen Gestaltung eines weiteren Kapitels seiner "Sternstunden der Menschheit" hätte inspirieren können. Denn an diesem Ort und Tag erklärten sich die Vertreter des Dritten Standes zur Nationalversammlung, beanspruchten für sich als Repräsentanten des Volkes die verfassunggebende Gewalt und befreiten sich nullkomma plötzlich aus den Fesseln von König, Klerus und Adel. Das war exakt der Augenblick, in dem der erste Akt der Französischen Revolution vollzogen wurde.

Wortführer der gewaltfreien Revolution war Emmanuel Joseph Sieyes, Posthalterssohn aus Fréjus, von Beruf Abbé, vormals Sekretär und Domherr des Bischofs von Tréguier, dann Generalvikar der Diözese von Chartres und Vertreter des Klerus in der Provinzversammlung von Orléans, schliesslich - nach gescheiterter Kandidatur als Repräsentant des Klerus - am 19. Mai 1789 mit knapper Not im dritten Wahlgang als zwanzigster und letzter Deputierter des Dritten Standes von Paris in die seit

1614 zum ersten Mal wieder einberufenen und bereits seit zwei Wochen tagenden Generalstände von Frankreich gewählt. Niemand kann wissen, ob die Französische Revolution einen anderen Verlauf genommen hätte, wäre der Abbé aus der Provinz nicht doch noch mit Ach und Krach in die Generalstände gewählt worden.

Den Weg zum Wortführer des Dritten Standes hatte sich der damals 40jährige im Januar 1789 mit dem Geniestreich seiner Broschüre *Qu'est-ce que le Tiers état?* gebahnt. Das Pamphlet beginnt mit den geflügelten Worten: "1. Was ist der Dritte Stand? - Alles. 2. Was ist er bis heute in der politischen Ordnung gewesen? - Nichts. 3. Was verlangt er? - Etwas zu sein." Im Sturm fegte die Flugschrift durchs Land. Innert weniger Tage waren 30'000 Exemplare verkauft; von Hand zu Hand wurden sie weitergereicht und dürften gegen eine Million Leser erfasst haben. Eberhard Schmitt nennt die Programmschrift die erfolgreichste aller Zeiten, die selbst Thomas Paines *Common Sense* von 1776 und das *Kommunistische Manifest* von 1848 in den Schatten stelle.[1] Enthusiastisch schrieb der Comte de Mirabeau an Sieyes: "Nun gibt es also einen Mann in

Frankreich! Einen Mann, der berufen ist, uns in der Nationalversammlung, die unser Schicksal bestimmen wird, als Führer zu dienen."

Diese Führungsrolle erfüllte Sieyes in der Tat bei der Einleitung und Durchführung der Revolution des Dritten Standes. Die drei Motionen vom 10., 15. und 17. Juni 1789 stammten alle aus seiner Feder; im *Fonds Sieyes* der *Archives Nationales* können die handschriftlichen Entwürfe eingesehen werden.[2]

Seitdem Ludwig XVI. am 5. Mai 1789 die Generalstände mit grossem Pomp eröffnet hatte, war man keinen Schritt vorangekommen. Die drei Stände des Klerus, des Adels und des Bürgertums stritten darüber, ob sie getrennt oder gemeinsam tagen und ob sie nach Ständen oder nach Köpfen abstimmen sollten. Das war allerdings *die* Schlüsselfrage; denn nur bei gemeinsamer Beratung und Abstimmung nach Köpfen konnte der Dritte Stand, unter Zuzug von Sympathisanten aus den beiden privilegierten Ständen, mit einer Mehrheit rechnen.

Als nach fünfwöchigem Antichambrieren noch nicht einmal die Vollmachten der Abgeordneten beglaubigt waren, riss Sieyes der Geduldsfaden. Über Nacht hatte er einen geschichtsträchtigen Entschluss gefasst. "Durchschneiden wir das Kabel; die Zeit ist reif", soll er gesagt haben, als er am 10. Juni 1789, einen Motionstext in der Tasche, das Versammlungslokal betrat.[3] Die Motion enthielt nichts weniger als ein Ultimatum: Die Vertreter von Klerus und Adel hätten sich unverzüglich im Ständesaal zur Beglaubigung und gemeinsamen Versammlung einzufinden; andernfalls werde der Dritte Stand auch ohne die Teilnahme der privilegierten Stände die Beglaubigung der Anwesenden vornehmen. Gegen Widerstände brachte Sieyes die Motion im zweiten Anlauf durch.

Nachdem sich die grosse Mehrheit der ersten beiden Stände noch immer verweigerte, verschärfte Sieyes in der Motion vom 15. Juni die Tonart. Zwar wurde die Einladung an die Abwesenden wiederholt. Aber gleichzeitig mussten sie zur Kenntnis nehmen, dass die Beglaubigung nunmehr vollzogen sei, dass die beglaubigten Abgeordneten wenigstens 96 Prozent der Nation verträten und dass diese folglich das Recht und die Pflicht hätten, den allgemeinen Willen (*volonté générale*) der Nation zu interpretieren und darzulegen. Niemand werde sie daran hindern können, weder die Abwesenden noch eine Kammer angeblicher Delegierter noch ein königliches Veto. Erste Abtrünnige aus dem Ersten Stand des Klerus folgten dem Aufruf.

Den entscheidenden Schritt wagte Sieyes mit der Motion vom 17. Juni. Mit ihr wurden König, Klerus, Adel und Nation vor vollendete Tatsachen gestellt. Die Versammlung des Dritten Standes sei beschlussfähig. Sie werde das gemeinschaftliche Werk ohne Verzug beginnen und ohne Unterbrechung fortführen. "Nationalversammlung" sei die einzig angemessene Benennung für das Gremium. Warum? Weil seine Mitglieder die einzig rechtmässigen und öffentlich beglaubigten Repräsentanten seien; weil sie beinahe die Gesamtheit der Nation repräsentierten, weil die Repräsentation unteilbar sei und weil folglich kein Abgeordneter, gleich welchen Standes, befugt sei, seine Funktion getrennt von dieser Versammlung auszuüben. Die Nationalversammlung gebe die Hoffnung nicht auf, dass sich die Abwesenden ihr anschlössen. Die Motion wurde mit 491 gegen 89 Stimmen angenommen. Danach leisteten die Abgeordneten einen feierlichen Eid. Der Vorsitzende sprach die Worte: "Ihr schwört und versprecht, in Treue die Funktionen zu erfüllen, mit denen ihr beauftragt seid." Stehend, mit erhobenen Händen antworteten die Delegierten im Chor: "Wir schwören und versprechen es."

Damit war mit einem Schlag die Ständeordnung aus den Angeln gehoben, die absolute Monarchie begraben, die Souveränität vom König auf die Nation übergegangen, die Revolution des Dritten Standes besiegelt. Die Motion vom 17. Juni 1789 war "la Révolution elle-même", kommentierte Madame de Staël.

Gesichert war der Umsturz freilich keineswegs. Selbst Mirabeau zweifelte am Erfolg. Er hatte zwar die erste Motion unterstützt, aber gegen die zweite opponiert und an der Abstimmung über die dritte nicht teilgenommen. Im Ernst befürchtete er als Folge des kühnen und aus seiner Sicht unklugen Vorprellens den Ausbruch eines Bürgerkrieges.

Am 19. Juni sprach sich eine knappe Mehrheit des Klerus für die Vereinigung mit dem Dritten Stand aus, während der Adel mit grosser Mehrheit dagegen stimmte. Am 20. Juni fanden die Abgeordneten des Dritten Standes die Türen zum Versammlungslokal im *Hôtel des Menus-Plaisirs* auf Geheiss des Königs versperrt. Erregt zogen sie zum nahegelegenen

Der Eid vom 17. Juni 1789

Ballsaal des *Jeu de Paume*. Dort schworen sie erneut, diesmal noch kategorischer, bis zur Verabschiedung der neuen Verfassung versammelt zu bleiben. Mit einer einzigen Ausnahme leisteten alle den Eid unter dem trunkenen Beifallssturm der Menge auf den Tribünen und ausser Haus.

Für den 23. Juni hatte Ludwig XVI. eine Sitzung der Generalstände einberufen. Jules Michelet, der republikanische Klassiker der französischen Geschichtsschreibung, apostrophiert die Ansprache des Königs als "Testament des Despotismus".[4] Autoritativ stempelte der Monarch die Beschlüsse des Dritten Standes vom 17. Juni als null und nichtig, verlangte die getrennte Beratung der Stände und erklärte alle künftigen Beschlüsse, die nicht seine ausdrückliche Genehmigung gefunden hätten, für illegal. Nachdem der König, seine Entourage, der Adel und ein Teil des Klerus den Saal verlassen hatten, verharrten die Zurückgebliebenen gebannt im Schweigen.

Mirabeau brach als erster das Eis. Er appellierte an die Würde und die Gesetzgebungsmacht der Deputierten; ihr heiliger Schwur gestatte nicht auseinanderzugehen, bevor die Verfassung ausgearbeitet sei. Da unterbrach

Der Ballhausschwur vom 20. Juni 1789. Sepia-Zeichnung von Jacques Louis David.
Sieyes rechts am Tisch sitzend

ihn der königliche Zeremonienmeister: "Meine Herren, Sie haben die Intentionen des Königs vernommen." Mirabeau konterte: "Sagen Sie Ihrem Meister, dass wir hier kraft der Macht des Volkes versammelt sind und dass uns nur die Macht der Bajonette auseinandertreiben kann." Der Vorsitzende Jean Bailly doppelte nach: "Ich glaube, dass die versammelte Nation keine Befehle empfangen kann." Andere Abgeordnete meldeten sich zu Wort und erklärten sich bereit, für das Vaterland zu sterben.

Schliesslich bestieg Sieyes das Podest: "Wären wir nur Beauftragte oder Beamte des Königs, so hätten wir zu gehorchen und uns zurückzuziehen. Sind wir aber Abgesandte des Volkes, dann haben wir unseren Auftrag zu erfüllen, frei und mutig (...) Wir haben geschworen, meine Herren, (...) das französische Volk wieder in seine Rechte einzusetzen (...) Die Autorität, die uns eingesetzt hat, (...) fordert von uns eine Verfassung. Wer kann dies ohne uns leisten? Wer, wenn nicht wir? Gibt es eine Macht auf Erden, die Euch das Recht entreissen könnte, Eure Auftraggeber zu repräsentieren?"[5] Die mit Bleistift hastig hingeworfenen Handnotizen schliessen mit dem Appell, die Rede des Königs ganz einfach zu ignorieren: "Meine Herren, wir sind heute, was wir gestern waren. Beraten wir weiter!"[6]

So geschah es. Am 27. Juni kapitulierte der König und mit ihm der Adel und der Rest des Klerus. In dieser Nacht wurde in den Strassen von Paris im Schein der Freudenfeuer gefeiert und getanzt. Der Dritte Stand hatte gewonnen.

Paradoxerweise feiert Frankreich den Nationalfeiertag am Quatorze Juillet in Erinnerung an die Erstürmung der Bastille vom 14. Juli 1789. Historisch waren indessen die Juni-Ereignisse, die Konstituierung der Nationalversammlung am 17. Juni 1789 und der Ballhaus-Schwur am 20. Juni 1789, viel grundlegender. Denn die Juni-Ereignisse bedeuten die eigentliche Revolution, in der die überwiegende Mehrheit der Repräsentanten des ganzen Landes gewaltfrei die monarchische Souveränität des *Ancien Régime* hinwegfegte und an deren Stelle die Volkssouveränität auf den Sockel hob. Der Sturm auf die Bastille war dagegen die gewaltsame Revolte einer mehr oder weniger spontanen, mehr oder weniger zufälligen, in Lynchjustiz ausartenden Menschenansammlung in der Stadt Paris, die nicht einen einzigen politischen Gefangenen befreite, sondern lediglich fünf ordinäre Kriminelle und zwei Verrückte.

Niemand anders aber hatte mit der Kaskade der sich steigernden Motionen den Stein ins Rollen gebracht, keiner hat mehr zum unblutigen ersten Akt der Französischen Revolution beigetragen als Emmanuel Joseph Sieyes.

Bei seinem Begräbnis würdigte ein Redner den 17. Juni 1789. Die von Sieyes entworfene Deklaration sei aufgrund der Entdeckung der Macht des Dritten Standes ebenso gewaltig und in ihren Wirkungen ebenso weitreichend wie die Entdeckung der beiden Amerikas, des Buchdrucks, des Dampfschiffs oder der Himmelsgesetze. Übertrieben? Eine Sternstunde war der 17. Juni gewiss.

Sieyes war auf die Revolution vom 17. Juni 1789 bestens vorbereitet. "Meine Forschungen und meine Ergebnisse sind der Revolution vorausgegangen", schrieb er in einem offenen Brief an Thomas Paine (XXX/6).

Bereits im Pariser Priesterseminar hatte er heimlich das autodidaktische Studium der Politik begonnen, setzte es während der kirchlichen Dienste in Tréguier, Chartres und Orléans fort, verschlang an Lektüre, was immer ihm in die Finger geriet: Barthélemy, Beccaria, Blackstone, Bonnet, Buat-Nançay, Condillac, Descartes, Diderot, Ferguson, Helvétius, Hobbes, Locke, Mably, Montesquieu, Moreau, Necker, de Pauw, Quesnay, Rousseau, Adam Smith, Turgot, Voltaire, die Enzyklopädisten und mindestens indirekt auch Harrington[7], erfuhr in den Pariser Salons bei Madame de Staël, Madame Helvétius und der Marquise de Condorcet von den Umwälzungen in Nordamerika und schrieb eine Unmenge von Exzerpten, Entwürfen und Verfassungsrudimenten, wovon der handschriftliche Nachlass Zeugnis gibt.

Recht hatte der kirchliche Vorgesetzte, als er dem zuständigen Bischof über den Zögling Sieyes nach dessen Studienabschluss an der Sorbonne schrieb: "Sie können aus ihm einen ehrenhaften und gebildeten Kanoniker machen. Aber wir müssen Sie warnen; für das Priesteramt ist er absolut ungeeignet" (XXXVI/8). Sieyes war für die Politik berufen. Wie Machiavelli konnte er nicht anders als vom Staate reden.

Nach zwanzigjährigen Vorstudien trat er am Vorabend der Revolution, zunächst anonym, an die Öffentlichkeit. Vom November 1788 bis Februar 1789 publizierte er vier programmatische Schriften: *Vues sur les moyens d'exécution dont les Représentans de la France pourront disposer en 1789* (November 1788), *Essai sur les privilèges* (November 1788), *Qu'est-ce que le Tiers état?* (Januar 1789) und *Déliberations à prendre pour les assemblées de bailliages*[8] (Februar 1789). Darin sind bereits die meisten Grundgedanken der politischen Theorie von Sieyes enthalten.

Mit diesem Rüstzeug ausgestattet, übernahm er im Juni 1789 die Führung in den Generalständen. Das vorliegende Kapitel analysiert das revolutionäre Programm der vier

Frühschriften, unter gelegentlichem Beizug des handschriftlichen Nachlasses, letzteres gestützt auf Thomas Hafen und die Textauswahl von Roberto Zapperi (Sieyes 1994).

Geschichtstheorie

In seiner Sturm-und-Drang-Periode vor 1789 glaubte Sieyes felsenfest an den unaufhaltsamen Fortschritt der Menschheit. Noch beunruhigte ihn nicht die leiseste Vorahnung vom bevorstehenden Rückschlag der Terreur. Die Aufklärung komme Tag für Tag voran, schrieb er. Früher seien die Regierungen weniger unwissend gewesen als das Volk; heute verhalte es sich gerade umgekehrt (II/13). Das Reich der Vernunft verdränge die lange Nacht des barbarischen Feudalismus (TE/157f).

Die wahre Gesellschaftswissenschaft, die politische Kunst, die Kunst der sozialen Architektur als die wichtigste der Künste sei zwar noch jung, habe aber in den vergangenen hundert Jahren grosse Fortschritte gemacht (TE/175f). Während sich die Naturwissenschaften mit dem, was ist, befassten, sei Gegenstand der politischen Kunst das, was sein soll; die Aufgabe dieser Ethik beschränke sich nicht auf die Analyse der Tatsachen, sondern sei, zum Wohl der Menschen, auf die Veränderung der Tatsachen gerichtet (II/29).

Die politischen Philosophen sind nach Sieyes berufen, die Welt nicht nur zu interpretieren, sondern zu verändern (TE/212-217). Die Theorie gehe der Praxis voraus. Fast alle Vorurteile wären nicht überwunden worden, hätten nicht gewisse Schriftsteller auf sich genommen, für verrückt zu gelten. Aufgabe der Philosophen sei es, die Mehrheit des Volkes von der Gerechtigkeit ihrer Sache zu überzeugen. Die Wahrheit dringe nur langsam in eine grosse Nation ein. Nur durch Verbreiten der Wahrheit und der Vernunft bilde sich allmählich eine öffentliche Meinung (*opinion publique*). Wer am praktischen Nutzen der neuen Gesellschaftswissenschaft zweifle, habe weder von der Praxis noch von der Theorie etwas begriffen. Um ernten zu können, müsse man zuerst säen. Das Bonmot "Nichts ist praktischer als eine gute Theorie" könnte von Sieyes stammen.

Angesichts der fortschreitenden Aufklärung hielt Sieyes die Ideen- und Verfassungsgeschichte für einen schlechten Wegweiser, geeignet bestenfalls als Zeitvertreib für mediokre Geister (II/28-37). Zwar schwächte Sieyes das harte Urteil in einer späteren Anmerkung etwas ab und konzedierte dem historischen Nachdenken immerhin einen gewissen Erkenntniswert, fügte aber alsogleich bei, sofern man nicht bei der blossen Nachahmung stehen bleibe; die Nachahmungssucht erniedrige die Menschen zum Affengeschlecht.[9]

Deshalb lehnte er das weitverbreitete, von Montesquieu und Voltaire geförderte Schielen auf die politische Ordnung Englands entschieden ab (TE/167-176). Hier folgte Sieyes Rousseau, aber aus anderen Gründen. Zur Zeit ihrer Entstehung, meinte er, möge die britische Verfassung durchaus ein bewundernswertes Werk gewesen sein. Auch sei sie immer noch besser als die Verfassungen auf dem europäischen Festland und erst recht besser als überhaupt keine, wie im gegenwärtigen Frankreich. Aber nichtsdestotrotz verunglimpfte er insbesondere das britische Oberhaus als ein Denkmal mittelalterlichen Aberglaubens. Wie würde Sieyes wohl staunen, wenn er heute, zwei Jahrhunderte später, die erbitterte Debatte über die Zukunft des *House of Lords* verfolgen könnte?

In dieser aufgeklärten Zeit, fuhr Sieyes fort, sei nicht Kopieren gefordert, sondern ein von kühnem Schwung getragener Erfindergeist, nicht simple Beobachtungswissenschaft, sondern Kombinationswissenschaft (II/29-31). Wahre Politik kombiniere die Fakten zu einer neuen sozialen Architektur. So wie der Architekt den Bauplan in seiner Vorstellung fertigstelle, bevor er ihn ausführe, so verfahre der Gesetzgeber, indem er die den sozialen Gegebenheiten entsprechenden Bestandteile gedanklich zum Ganzen der Gesellschaftsordnung zusammenfüge, um sie dann in die Tat umzusetzen.

Dafür gebe es zur Zeit kein Vorbild. Wohl aber sei Frankreich aufgerufen, sich eine Verfassung zu geben, die anderen Nationen als Vorbild dienen könne (TE/175).

Vertragstheorie

Mit Hobbes, Locke und Rousseau gehört Sieyes zu den Gesellschaftsvertragstheoretikern (II/11-24). Grundlage des Gesellschaftsvertrages ist nach Sieyes das Naturrecht. Wille und Verstand sind die beiden unveräusserlichen Fähigkeiten, welche die Natur mit dem Wesen des Menschen verbunden hat. Jeder Mensch hat das angeborene Recht, für sich selbst zu wollen, sich zu verpflichten und sich

Gesetze aufzuerlegen. Dies geschieht im Gesellschaftsvertrag.

Sieyes lehnte sich stark an Locke an. Der Gesellschaftsvertrag beruht auf Einstimmigkeit. Eine rechtmässige Gesellschaft könne keine andere Grundlage haben als einen Vertrag, der auf dem freien Willen *aller* Gesellschafter beruhe. Ein erzwungener Vertrag wäre Gewaltherrschaft und kann keine Verpflichtungen begründen.

Indessen geht jeder Gesellschafter durch den Gesellschaftsvertrag die dauernde Verpflichtung ein, sich inskünftig den Beschlüssen der Mehrheit zu unterziehen. Er behält sich lediglich das Auswanderungsrecht vor für den Fall, dass er sich damit nicht abfinden will. Der Verzicht auf Auswanderung ist gleichbedeutend mit der stillschweigenden faktischen Anerkennung des mit Mehrheit beschlossenen gemeinschaftlichen Willens (*volonté commune*).

In kleinen Gemeinschaften kann der gemeinschaftliche Wille unmittelbar durch die Bürger, in grossen Gemeinschaften dagegen nur mittelbar durch gewählte Beauftragte gefunden werden.

Sieyes verstand den Gesellschaftsvertrag als einen ausschliesslich horizontalen Vertrag zwischen den Gesellschaftern. Die Konzeption des Gesellschaftsvertrages als vertikalen Unterwerfungsvertrag, durch den sich die Gesellschafter als Untertanen einem Souverän unterordnen, lehnte er ausdrücklich ab. Offensichtlich hatte er mit dieser Abgrenzung Hobbes im Visier, ohne ihn namentlich zu erwähnen (II/23; TE/157).

Der Gesellschaftsvertrag dient der Sicherung der im vorgesellschaftlichen Naturrecht begründeten Freiheitsrechte. Der Zweck des gesellschaftlichen Zusammenschlusses ist der Schutz der Freiheitsrechte, um die moralischen und physischen Fähigkeiten bestmöglich entfalten zu können (I/4). Ebenso ist der einzige Zweck aller Gesetze die Freiheit der Bürger. Diese Freiheit findet ihre ausschliessliche Grenze in der Freiheit der Mitbürger.

Im Gegensatz zu Rousseau bewirkt der Sieyes'sche Gesellschaftsvertrag nicht die totale Auslieferung der Bürger an die Gesellschaft. Niemand hat das Recht, dem Individuum das Eigentum an Sachen (*propriété réelle*) oder das höchste aller Güter, das Eigentum an der eigenen Person (*propriété personelle*), zu nehmen (II/12f; II/69f).

Die Annahme vorgesellschaftlicher, vorstaatlicher, überstaatlicher, nicht vom Staat verliehener, aber vom Staat zu gewährleistender, in ihrem Kerngehalt unveräusserlicher individueller Naturrechte des Menschen bestimmt den Rahmen und den Zweck des Sieyes'schen Gesellschaftsvertrages.

Interessentheorie

Die politische Macht ist in der Sieyes'schen Theorie zusätzlich beschränkt durch die Trennung von Staat und Gesellschaft. Vor dem Hintergrund dieser Trennung entwickelte Sieyes seine Interessentheorie.

Im Rahmen der Gesellschaft unterschied Sieyes vier private Funktionen: Landwirtschaft, Handwerk, Handel und Dienstleistungen (TE/121). Zu letzteren zählte er nicht nur die wissenschaftlichen und freien Berufe, sondern auch die Hausarbeit.

Die soziale Ungleichheit im gesellschaftlichen Bereich akzeptierte er als naturbedingt.[10] Die Menschen werden ungleich geboren. Sie sind mit ungleichen natürlichen Fähigkeiten ausgestattet und haben demzufolge ungleiche

Chancen. Entsprechend ist auch das materielle Eigentum ungleich verteilt.

Die Wirtschaft soll frei sein. Eigeninteresse, Wettbewerb und Arbeitsteilung steigern Effizienz und Wohlstand (I/39; TE/122). Sieyes stimmte der marktwirtschaftlichen Theorie von Adam Smith zu, nahm aber für sich in Anspruch, das Prinzip der Arbeitsteilung vor ihm entdeckt zu haben.[11] Die physiokratische Lehre lehnte er ab; nicht der Boden, sondern die Arbeit sei die Triebkraft der Wirtschaft.[12]

Im Rahmen des Staates unterschied Sieyes vier öffentliche Funktionen: Armee, Justiz, Kirche und Verwaltung (TE/122). Allerdings hatte er dabei die vorrevolutionären Verhältnisse im Auge. Diese wollte er radikal verändern. Der Bereich der "Administration" soll gewaltenteilig organisiert werden. Vor allem aber muss jener Missstand beseitigt werden, der es zulässt, dass fast alle öffentlichen Funktionen vom Adel und vom Klerus besetzt werden (TE/132).

Alle Privilegien sind abzuschaffen und mit ihnen die Ständeordnung, die Reste des Feudalismus sowie - mit Ausnahme der Monarchie - die Vererbung politischer Ämter und Ehren. Denn Privilegierung bedeutet für die

Nichtprivilegierten eine Freiheitsberaubung; sie ist Unrecht (I/5). Nichts geht ohne den nichtprivilegierten Dritten Stand; alles ginge unendlich viel besser ohne die Privilegierten (TE/124). Die privilegierten Stände sind nicht nur unnütz; sie sind schädlich, vergleichbar mit jenen Schmarotzerpflanzen, die vom Saft der Bäume leben, sie krank machen und sie schliesslich austrocknen (TE/125).

So weit ging die Verachtung der Aristokratenkaste, dass der ehemalige Abbé nicht davor zurückschreckte, unter dem Heiligenschein des Patriotismus den offenen Hass gegen die inneren Feinde zu predigen (II/93). Mit diesem Freund-Feind-Denken machte er sich mitverantwortlich für eine Geisteshaltung, die sich später entgegen seiner Absicht und ohne sein Zutun in die Schreckensherrschaft der Guillotine verstieg.

Im Gegensatz zur Ungleichheit im gesellschaftlichen Bereich sollen im Staat gleiche Bürgerrechte für alle (TE/127; TE/169) und die Gleichheit aller vor dem Gesetz (I/31) gelten. Gleiche Bürgerrechte werden durch die Ungleichheit der Eigentumsverteilung und des Fleisses nicht gestört, genausowenig wie die politische Gleichheit durch die Ungleichheiten von Alter, Geschlecht, Körpergrösse, Hautfarbe, Vernunft und Beredsamkeit beeinträchtigt wird (TE/208; IV/50f). Später wird Sieyes freilich eine Stufung der Bürgerrechte einführen.

Soziale Ungleichheit und politische Gleichheit sind Voraussetzungen der Sieyes'schen Interessentheorie. Sieyes unterschied drei Arten des Interesses: Gemeininteresse, Gruppeninteresse und Einzelinteresse (TE/206-212).

Während in der Gesellschaft der Eigennutz zum allgemeinen Wohl beiträgt, muss im Staat das Gemeininteresse (*intérêt général*) immer Vorrang haben. Was dem Gemeininteresse entspricht, bestimmt die Mehrheit der Wähler und der Gewählten.

Der Gemeinsinn der Bürger (*civisme*) ist indessen eine Pflanze, die nicht spontan wächst, sondern der Pflege bedarf. Das Pflegemittel heisst Aufklärung. Deshalb legte Sieyes grossen Wert auf ein nationales Erziehungs- und Schulsystem, das er in den Frühschriften in allgemeinster Form postulierte (II/121; IV/64), später aber konkretisierte.

Gruppeninteressen jeglicher Art waren Sieyes zutiefst suspekt (TE/206). Sie seien die furchtbarsten öffentlichen Feinde. Die Geschichte sei voll von dieser traurigen Wahrheit. Ihr Aufkommen müsse in allen denkbaren Formen verhindert werden, sei es in Gestalt der Stände, Zünfte und "Parteien" (IV/66) oder einer ohne Unterbrechung wiederwählbaren politischen Klasse.

Repräsentationstheorie

Repräsentation im Sinne der Frühschriften von Sieyes bedeutet die Vertretung der Nation durch frei gewählte Abgeordnete der steuerzahlenden Bürgerschaft mit der Hauptaufgabe der Verfassungs- und Gesetzgebung.[13] Die Verfassunggebung soll einer ausserordentlichen, die nachgeordnete Gesetzgebung der ordentlichen repräsentativen Körperschaft anvertraut werden (TE/184f; TE/190f).

Sieyes begründete die Entscheidung durch Stellvertreter mit zwei Argumenten. Einerseits schien ihm die unmittelbare Verfassungs- und Gesetzgebung in einer weiträumigen Nation mit einer Bevölkerung von 26 Millionen nicht praktikabel (II/19; II/23; II/116; TE/178f; TE/196); an die Möglichkeit der Nachentscheidung durch Verfassungs- und Gesetzesreferenden verlor er keinen Gedanken. Anderseits hielt er das mittelbare Verfahren für eine höher entwickelte, ja für die beste Form (IV/73), insofern es im Vergleich zu den Tumulten und dem Wankelmut der Volksdemokratien (*démocraties populaires*) eine Arbeitsteilung zwischen den Wählern und ihren aufgeklärteren Beauftragten sowie eine ruhigere, sachverständigere, effektivere und effizientere Beratung gewährleistet.

Echte Repräsentation beruht nach Sieyes auf freien Wahlen (II/125; II/145). Diese freien Wahlen sind jedoch nicht allgemein. Wahlberechtigt sind allein die Steuerzahler männlichen Geschlechts (TE/147; IV/51). Die steuerzahlenden Bürger sind gleichsam die Aktionäre des gesellschaftlichen Grossunternehmens; von ihnen erhält es das Betriebskapital, ihnen untersteht es, für sie existiert und arbeitet es, ihnen gehören auch alle Erträge (II/113). Die geburtsständische Repräsentation soll also durch eine besitzständische abgelöst werden. Das allgemeine Wahlrecht der Männer ist in den Frühschriften von Sieyes kein Thema. Ob der Ausschluss der Frauen gut oder schlecht sei, mochte er nicht entscheiden (TE/139). Keine Freiheit sei grenzenlos, und so werde eben durch das Gesetz festgelegt, welche Eigenschaften erfüllt sein müssten, damit jemand wählen oder gewählt werden könne (TE 139).

Obwohl die terminologische Unterscheidung zwischen Menschen- und Bürgerrechten noch nicht ausdrücklich vorkommt, ging Sieyes implizit davon aus, dass es Naturrechte gebe, die allen Menschen zustehen, und politische Beteiligungsrechte, die gesetzmässig einem eingeschränkten Kreis von Menschen vorbehalten werden sollen. Eine Kategorie von Steuerzahlern wollte Sieyes zusätzlich von den politischen Rechten ausschliessen: die Angehörigen des Adels und des Klerus, solange sie nicht auf ihre Privilegien verzichtet hätten (TE/217). Die spätere Einengung des passiven im Vergleich zum aktiven Wahlrecht ist in den Frühschriften noch nicht klar ersichtlich.

Im Rahmen der freien und nichtallgemeinen Wahlen postulierte Sieyes gleiche Wahlen. Jeder männliche Steuerzahler besitzt *eine* Stimme; niemand kann, beispielsweise weil er reich ist, ein höheres Stimmgewicht beanspruchen (TE/145; IV/51).

Die Wahlen sind indirekt. Sieyes unterschied entsprechend der Grösse der Nation verschiedene Repräsentationsstufen (II/125-127). Ist das Gemeinwesen sehr klein, kann auf eine Repräsentation verzichtet werden; Bürgerschaft und gesetzgebende Körperschaft sind identisch. Erweist es sich als notwendig, die Nation in Gemeinden (*paroisses*) zu unterteilen, wählen die Bürger auf der Gemeindeebene die nationalen Abgeordneten direkt; das ist die erste Repräsentationsstufe. Die zweite Repräsentationsstufe wird erreicht, wenn unterhalb der Nation zwei Ebenen territorialer Einheiten, Gemeinden und Bezirke (*arrondissements*), gebildet werden; in diesem Fall wählen die Bürger auf der Gemeindeebene die Wahlmänner und diese wiederum auf der Bezirksebene die nationalen Repräsentanten. In der dritten Repräsentationsstufe gibt es unterhalb der Nation drei Ebenen: Gemeinden, Bezirke und Provinzen; die Elektoren werden ebenfalls auf der Gemeindeebene gewählt, die nationalen Deputierten jedoch auf der Provinzebene. Ausdrücklich warnte Sieyes davor, mehr als drei Ebenen einzuführen, weil der demokratische Geist (*esprit démocratique*) Schaden nehmen könnte, wenn die Stellvertreter von den ursprünglichen Auftraggebern zu weit entfernt wären.

Der Grösse Frankreichs entspricht die indirekte Wahl der dritten Repräsentationsstufe

(II/23; TE/187; IV/49f). Nicht nur, aber auch im Hinblick auf die Wahl der nationalen Repräsentanten schlug Sieyes vor, das nationale Territorium in 50 Provinzen, 2000 Bezirke und 40'000 Gemeinden zu gliedern. 20 Gemeinden bilden einen Bezirk, 40 Bezirke eine Provinz (II/126f).

Die Zahl der Wahlmänner soll in erster Linie aufgrund der Bevölkerungszahl für jede Gemeinde gesondert festgelegt werden. Aber Sieyes deutete an, dass er einen aus verschiedenen Elementen zusammengesetzten Repräsentationsschlüssel bevorzugen würde, ohne die zusätzlichen Kriterien zu benennen (IV/50). In einem unveröffentlichten Manuskript aus der Zeit um 1775 hatte er einen gemischten Schlüssel vorgeschlagen mit den drei Elementen Bevölkerungszahl, Gemeindegrösse und Steuerkraft.[14] Mit dem Zusatzkriterium der Steuerkraft wäre freilich der Grundsatz "one man, one vote" auf einem Umweg wieder relativiert.

Grossen Wert legte Sieyes auf die Rotation. Nach der Inkraftsetzung der Verfassung durch die ausserordentlichen Repräsentanten soll die Amtsdauer der ordentlichen Abgeordneten in der Nationalversammlung auf drei Jahre beschränkt sein, wobei ein Drittel jährlich erneuert wird; ferner soll nach Ablauf der Amtszeit die Wiederwählbarkeit für mindestens drei Jahre unterbrochen werden (II/127f; TE/207; IV/53). Die Rotationsidee taucht bereits in einem unveröffentlichten Manuskript um 1775 auf, mit fünfjähriger Amtszeit und jährlicher Erneuerung eines Fünftels der Abgeordneten.[15] Damit beabsichtigte Sieyes zweierlei. Einerseits lag ihm daran, die grösstmögliche Zahl der Bürger an der öffentlichen Sache teilhaben zu lassen; anderseits wollte er das Aufkommen eines Korpsgeistes, einer neuen Aristokratie und damit das Entstehen von Sonderinteressen verhindern (TE/207; IV/74).

Mit Blick auf die optimale Erfüllung der Repräsentationsfunktion nannte Sieyes vier Bedingungen. Erstens soll die gesetzgebende Körperschaft permanent tätig sein, d.h. die Abgeordneten haben ihr Mandat hauptamtlich auszuüben, werden dafür von ihrem Wahlkreis bezahlt, und niemand als sie selbst bestimmen über Ferien, Vertagung und jährlichen Wiederbeginn (II/130; IV/52-54). Die Repräsentanten sind also weder Honoratioren-, noch Berufs-, noch Milizpolitiker, sondern Hauptamtsparlamentarier auf Zeit. Zweitens soll nach Köpfen abgestimmt werden. Rechtskraft erlangt, was die Mehrheit der Abgeordneten beschliesst. Es darf kein Vetorecht irgendeiner Minderheit geben, weder einer territorialen Untereinheit (II/22) noch einer Kammer geburts- oder berufsständischer Art (TE/170f). Drittens vertreten die Deputierten nicht ihren Wahlkreis, sondern die ganze Nation (II/22; TE/144; IV/72-74). Viertens besitzen die Abgeordneten ein beschränkt freies Mandat. Letzteres bedarf einer differenzierten Analyse.

Das freie Mandat (II/21; IV/68-71) gewährleistet einen Meinungswettbewerb, ermöglicht den Repräsentanten, ihre Ansichten im Verlauf der Beratungen abzuwägen, zu ändern, zu läutern und schliesslich die Mehrheitsmeinung zum Gesetz zu erheben. Das völlig gebundene, imperative Mandat würde die Repräsentanten zu blossen "Stimmenträgern" oder "Auftragsüberbringern" degradieren und aus der Nationalversammlung ein Treffen "abreisebereiter Kuriere" machen.

Dennoch besitzen die Stellvertreter keine unbeschränkten Vollmachten (IV/69). Vor allem sind die ausserordentlichen Repräsentanten an das Naturrecht und die unveräusserlichen Bürgerrechte gebunden, die ordentlichen Repräsentanten zusätzlich an die Verfassung. Darüber hinaus sind sie den Urwählern rechenschaftspflichtig und an allgemeine, von den Wahlmännern erteilte Aufträge gebunden (II/21; II/113; II/116; II/126). Das Verfahren für den Widerruf eines Mandats bzw. die Abwahl von Repräsentanten und Wahlmännern ist freilich äusserst restriktiv (IV/53). Als sich kurz nach dem 17. Juni 1789 das Problem praktisch stellte, weil einige Abgeordnete aufgrund ihrer Aufträge glaubten, an der Nationalversammlung nicht teilnehmen zu dürfen, erreichte Sieyes mit einem Ordnungsantrag, diese irrtümlichen und "indiskreten Mandate" (VII) zu ignorieren. Allfällige Abwesende, so das Argument, könnten die Abgeordneten, welche die überwiegende Mehrheit des Volkes repräsentieren, nicht an der Beratung und Beschlussfassung hindern.

Somit haben die Urwähler in den Primärversammlungen der Gemeinden das Recht, die Elektoren zu wählen sowie Elektoren und Abgeordnete abzuwählen. Die Elektoren wählen die Abgeordneten und können ihnen Aufträge erteilen. Die Abgeordneten besitzen im Rahmen des Naturrechts, der Bürgerrechte, der

Verfassung und der allgemeinen Aufträge ein freies Mandat.

Die Sieyes'sche Repräsentationstheorie ist in bezug auf die Verfassunggebung und die Gesetzgebung rein republikanisch, d.h. nichtmonarchisch.

Gewaltenteilungstheorie

Ebenso wichtig wie eine "gute" Repräsentation war für Sieyes die "richtige" Gewaltenteilung. Die Vermischung der Gewalten werde die wahre gesellschaftliche Ordnung auf Erden endlos verhindern; wenn man jedoch trenne, was getrennt sein soll, dann werde man das grosse Problem einer zum allgemeinen Wohl ihrer Glieder eingerichteten menschlichen Gesellschaft lösen (TE/191).

Welche Gewalten sollen wie getrennt werden? Sieyes kam es auf die konkrete Ausgestaltung an. Die blosse Aufteilung der Staatsmacht genügte ihm nicht. Insbesondere lehnte er das "System der Gegenkräfte" (*système des contreforces*) ab. Dieses an sich schon unzulängliche Konzept werde geradezu lächerlich, wenn nicht mit jedem Gewicht auf der Waage eine zusätzliche, eigenständige Aufgabe verbunden sei (II/117f). Als positives Beispiel nannte Sieyes die Parlamente des *Ancien Régime*. Diese bildeten nämlich nicht nur ein Gegengewicht zur sonst unbegrenzten Exekutivmacht, sondern verfügten darüber hinaus über die richterliche Gewalt.

Sieht man von der Machtteilung zwischen Staat und Gesellschaft ab und beschränkt man sich auf den staatlichen Bereich, so ist das Gewaltenteilungskonzept in den Frühschriften von Sieyes zweistufig. Die erste Stufe besteht in der Trennung von verfassunggebender und verfassten Gewalten, von *pouvoir constituant* und *pouvoirs constitués* (II/77; TE/180f; IV/41; IV/75). Über den verfassten steht die verfassunggebende Gewalt und über dieser wiederum die Nation und letztlich das Naturrecht (TE/180).

Die Legitimität wird der verfassunggebenden Gewalt nicht durch den *deus ex machina* eines charismatischen *législateur* verliehen. Rechtmässig ist die verfassunggebende Gewalt nur, wenn sie aus freien Wahlen hervorgegangen ist.

Die verfassunggebende Gewalt hat zwei Aufgaben zu erfüllen: den Erlass einer Rechteerklärung und den Erlass einer Verfassung (IV/41-56). Die Erklärung der Rechte gibt das

Ziel vor, nämlich die Gewährleistung von Freiheit und Eigentum der Bürger. Die Verfassung ist gleichsam das Mittel zur Zielerreichung. Sie regelt das aktive und passive Wahlrecht (II/125), die territoriale Gliederung der Nation (II/125-127; IV/32; IV/48), die Bestellung, Amtsdauer und Funktionen der Staatsorgane (TE/183f; IV/47), die Streitkräfte (II/138f), die Finanzen (II/134ff; IV/56ff), das nationale Erziehungs- und Schulsystem (II/121; IV/64) sowie das Verfahren der Verfassungsrevision (IV/44). Die Verfassung soll weitgehend im ersten Arbeitsgang nach einem Gesamtplan geschaffen werden, so dass sich allzu häufige Nachbesserungen erübrigen (II/141f). Dass sowohl die Rechteerklärung als auch die Verfassung in geschriebenen Urkunden festgehalten werden, war Sieyes bereits so selbstverständlich, dass er eine besondere Erwähnung nicht für nötig hielt.

Die zweite Stufe der Gewaltenteilung besteht in der Unterteilung der verfassten Gewalten. Sieyes bewegte sich noch nicht auf ausgetretenen Pfaden. Vielmehr bestätigt der Einblick in die frühen Manuskripte und Publikationen seinen mühsamen Suchprozess fernab von dogmatischen Vorurteilen.

Thomas Hafen hat unter den unveröffentlichten Manuskripten ein höchst interessantes, originelles Dokument aus der Zeit um 1775 ausgegraben.[16] Darin prägte Sieyes die Formel "faire la loi, dispenser la loi, sanier la loi". Die erste Funktion, die Gesetzgebung (*faire la loi*), ist einem dreikammerigen Parlament anvertraut, entsprechend den drei gesellschaftlichen Gruppen der Landwirte, des städtischen Gewerbes und der Kulturschaffenden. Die zweite Funktion, die Gesetzesausführung (*dispenser la loi*), ist Aufgabe einer in fünf Departemente aufgeteilten Verwaltung; sie schliesst auch die Rechtsprechung ein. Die dritte Funktion, die Wiederherstellung des Gesetzes (*sanier la loi*), ist Sache des Königs. Sie ist ebenfalls auf fünf Abteilungen verteilt und insbesondere mit der Aussen- und Sicherheitspolitik befasst. Für die innere Sicherheit sorgt die aus Veteranen gebildete Nationalgarde, für die äussere Sicherheit die Armee. Die Armee bei inneren Konflikten einzusetzen, ist dem König ausdrücklich verwehrt.

In der letzten der vier vorrevolutionären Publikationen schimmert die Machtteilungskonzeption von 1775 in der Unterscheidung von gesetzgebender, tätiger (*pouvoir actif*) und zwingender Gewalt (*force coercitive*) nochmals durch (IV/47). Daneben taucht aber auch die Rechtsprechung als eigenständige Gewalt auf (II/117; II/120; IV/47; IV/64).

Eine Konstante durchzieht als Hauptforderung alle Frühschriften: die Trennung von gesetzgebender und ausführender Gewalt. Für letztere benutzte Sieyes synonym die Attribute "exécutif" oder "actif". Die Gesetzgebungs- und Ausführungsfunktionen verhalten sich zueinander wie Kopf und Hände (II/115). Sie müssen personell völlig getrennt sein (II/125; TE/207; IV/56). Weder darf der Gesetzgeber einen Anteil an der Exekutivgewalt haben noch umgekehrt; das erste wäre Anarchie, das zweite Despotie.[17] Könnte derjenige, der über die Ausführung des Gesetzes wacht, auch das Gesetz selber machen, würde er es nach seinem Eigeninteresse gestalten und die Gesellschaft würde zur Knechtschaft verkommen (II/115).

Die Gesetzgebung ist den ordentlichen Stellvertretern anvertraut. Nicht mehr überraschen kann die Ablehnung des ständischen Zweikammerparlaments nach englischem Muster; weil Sieyes die Spaltung der Gesellschaft in Privilegierte und Nichtprivilegierte ablehnte, war es nur konsequent, sowohl die Trennung der Stände in einem Ober- und einem Unterhaus als auch deren Vermischung im Unterhaus zu verwerfen (TE/167-171). Erst recht wehrte er sich gegen die in der englischen Verfassung angelegte Dreiteilung der gesetzgebenden Gewalt auf Bürgertum, Adel und König (TE/172). Wenn sich Sieyes in diesem Zusammenhang zu einem nichtständischen Dreikammerparlament bekannte, dann war dies missverständlich; er meinte drei gleichberechtigte, getrennt verhandelnde Parlamentsausschüsse, wobei für die Beschlussfassung letztlich die Mehrheit der Einzelstimmen aus allen drei "Kammern" gelten sollte (TE/170f).

Die ausführende Gewalt hatte sich nach der Auffassung von Sieyes bisher zu einseitig auf die Steuern, das Hofleben und die Kriegführung kapriziert (II/120-122). In Zukunft sollen bisher vernachlässigte Aufgaben wie öffentliches Schulwesen, Landespolizei, zivilrechtliche Beurkundung, Landesplanung, Vormundschaft und Sozialhilfe (*autorité adjutrice*) gepflegt werden. Dabei ist die Verwaltung auf die drei Ebenen der Provinzen, Bezirke und Gemeinden zu dezentralisieren. Die künftige

Rolle des Erbmonarchen wird in den publizierten Frühschriften nicht angesprochen; aber es ist klar, dass sie auf die Führung der Exekutive reduziert sein soll.

Die rechtsprechende Gewalt muss von jeder andern Autorität unabhängig sein, ausgenommen von der Autorität des Gesetzgebers (II/118f). Beiläufig dachte Sieyes über eine Art Verwaltungsjustiz nach (II/119f). Sowohl die Strafgerichte als auch die Zivilgerichte sollen aus Geschworenen gebildet werden (IV/47; IV/64). Geschworene sind die Garanten der individuellen Freiheit und das einzige Mittel gegen den Missbrauch der rechtsprechenden Gewalt; hier kann England ausnahmsweise als Vorbild dienen (TE/ 174). Mit der Forderung nach einer Rechtsprechung durch Seinesgleiche (*Pairs*) meinte Sieyes bestimmt nicht Standesgleiche, sondern Geschworene, die aufgrund ihrer Lebens- und Berufserfahrung in der Prozesssache kundig sind (II/119; IV/64).

Das Grundprinzip der Sieyes'schen Gewalteilung heisst: Keine Gewalt darf willkürlich sein; jede Gewalt muss Grenzen haben; andernfalls würde sie zu einem politischen Ungeheuer (IV/30). Aufgrund der repräsentativen Gesetzgebung und der monarchischen

Exekutive ergibt sich als Staatsform eine monarchische Republik.

Strategie

1789 befand sich Frankreich in einer tiefen Finanzkrise. Allein aus diesem Grunde hatte sich Ludwig XVI. nolens volens entschlossen, zum ersten Mal seit 175 Jahren die Generalstände einzuberufen. Dank der Lockerung der Zensur löste die Erwartung dieses Jahrhundert-Ereignisses eine Flut von Beschwerden und Flugschriften aus. Der Interessenkonflikt war vorprogrammiert. Der königliche Hof wollte Geld, die ersten beiden Stände fürchteten um ihre Privilegien, und der Dritte Stand drängte immer stärker an die Macht. Einmal mehr bildete das liebe Geld den *nervus rerum*. Wo war das grosse Geld zu holen, wenn nicht bei der überwältigenden Mehrheit des Bürgertums? Folglich befand sich der Dritte Stand in der günstigsten Ausgangsposition.

Das strategische Konzept von Sieyes lässt sich aus den vier publizierten Frühschriften trotz Widersprüchen ziemlich klar herausschälen. Er wollte den Hebel des Geldhahns solange unter Verschluss halten, bis Frankreich unter der Führung des Dritten Standes eine neue und dauerhafte politische Ordnung in Gestalt einer die Bürgerrechte garantierenden, gewaltenteiligen Repräsentativverfassung erhalten hätte.

Zu diesem Zweck mussten zuallererst die äussere Unabhängigkeit und die innere Freiheit der Generalstände erkämpft werden (II/73f). Sieyes forderte ihre völlige Unabhängigkeit von der königlichen Regierung (II/77f; II/109f; IV/37). Ob aus Überzeugung oder aus taktischem Kalkül, jedenfalls schonte er den König und dessen Minister Jacques Necker, indem er für den drohenden Staatsbankrott allein die Willkür früherer Minister und der Hofaristokratie verantwortlich machte (II/Vorwort; II/53f; TE/132). Um die Handlungsfreiheit der Generalstände zu gewinnen, war Sieyes sogar bereit, vorübergehend mit den verhassten Privilegierten gegen den königlichen Hof zusammenzuspannen (IV/31).

Zur Sicherung der inneren Freiheit der Generalstände verlangte Sieyes Redefreiheit und Immunität für alle Abgeordneten (II/75; II/99f). Eine Barbarei, eine schreckliche Tyrannei wäre es, jemanden zu bestrafen, der für seine Meinung eintritt. Die vollkommene Freiheit ist das angeborene, unangreifbare, heilige

Recht jedes Abgeordneten. Ferner forderte Sieyes die Gleichberechtigung der Repräsentanten. Zu diesem Zweck verlangte er, dass die Mitglieder der Ausschüsse nicht vom Präsidenten, sondern vom Plenum gewählt werden (II/81; IV/38), dass die Ausschüsse nur beraten, nicht entscheiden dürfen (II/87; II/106f; IV/38), dass der Vorsitz im Plenum und in den Ausschüssen mindestens alle vierzehn Tage wechselt (II/82f; IV/34) und dass der Stichentscheid nicht dem Präsidenten, sondern einem rasch rotierenden, gewählten Kollegium anvertraut wird (II/81f; IV/38).

Im Vorfeld der Generalstände waren von den Wortführern des Dritten Standes drei Hauptforderungen aufgestellt worden: die Wahl der Vertreter des Dritten Standes ausschliesslich aus den eigenen Reihen, die Verdoppelung der Zahl der Repräsentanten des Dritten Standes auf 600 (im Vergleich zu den ersten beiden Ständen mit je 300) sowie die gemeinsame Beratung der Stände und die Abstimmung nach Köpfen. Diese Vorschläge zielten nach Sieyes zwar in die richtige Richtung, aber er hielt sie für unzureichend (TE/135; TE/144; TE/152).

Konsequent im Sinne seiner politischen Theorie schienen ihm nur zwei Wege (TE/197-204): Entweder die Vertreter des Dritten Standes würden für sich die Alleinvertretung der ganzen Nation in Anspruch nehmen und sich als Nationalversammlung konstituieren, dies mit der Begründung, sie repräsentierten mindestens 96 Prozent des französischen Volkes. Oder die Vertreter des Dritten Standes würden sich darauf beschränken, die korrekte Wahl einer verfassunggebenden Versammlung zu fordern und danach wieder auseinanderzutreten.

Ungeachtet ob die eine oder die andere Alternative zum Zuge käme, sollten die Repräsentanten das folgende Szenario umsetzen: Zuerst Verabschiedung einer Erklärung der Bürgerrechte, dann Ausarbeitung einer Verfassung und erst am Schluss Lösung der Finanzmisere (II/45f; II/102-104; TE/177-191; IV/35f; IV/42). Der Dritte Stand würde sich selbst das Grab schaufeln, wenn er das entscheidende Druckmittel der Steuerbewilligung vorzeitig aus der Hand gäbe (II/61). Deshalb soll die Versammlung, welche auch immer, zuallererst beschliessen, solange permanent zu tagen, bis das ganze Szenario durchlaufen sein würde (IV/37).

Sieyes war sich bewusst, dass die Bewältigung der Staatsverschuldung eigentlich nicht Sache der verfassunggebenden, sondern der gesetzgebenden Gewalt wäre. In der Ausnahmesituation, in der sich Frankreich befand, schien ihm die Vermischung beider Gewalten ausnahmsweise gerechtfertigt (II/77; TE/185f).

Sieyes war freilich Realist genug, um nicht stur an der reinen Lehre festzuhalten. Wenn die beste Lösung nicht erreichbar sei, müsse man halt versuchen, sich ihr wenigstens anzunähern (IV/51). Die Umstände seien nun einmal so, dass man nicht allzu starr auf den besten Grundsätzen bestehen dürfe (IV/75).

Tatsächlich akzeptierte Sieyes in der Folge einen dritten Weg. Es störte ihn nicht, dass ein Adliger wie Mirabeau oder ein Kleriker wie er selbst in die Vertretung des Dritten Standes gewählt wurden. Auch fand er sich damit ab, dass Klerus und Adel die Hälfte der Sitze in den Generalständen bekamen und nach der Umwandlung in die Nationalversammlung behielten, obwohl sie nach seiner eigenen Berechnung nur etwa 200'000 Privilegierte hinter sich hatten, während der Dritte Stand über 24

Millionen Menschen vertrat (TE/146f). Mit der Motion vom 17. Juni bot er selbst Hand zu dieser verzerrten Repräsentation.

Das Szenario indessen wurde im Sinne von Sieyes umgesetzt. Die Nationalversammlung verweigerte die ausschliessliche oder vordringliche Befassung mit der Finanzmisere. Stattdessen verabschiedete sie zuerst die Erklärung der Menschen- und Bürgerrechte und nahm anschliessend die Ausarbeitung der ersten geschriebenen Verfassung Frankreichs in Angriff.

Zu den unbestrittenen Dogmen der Französischen Revolution gehört die Idee der geschriebenen Verfassung. Sie war im 17. Jahrhundert während der Englischen Revolution aufgekommen und wurde im 18. Jahrhundert von der Amerikanischen Revolution übernommen. Nachdem konföderierte Staaten mit dem Beispiel vorangegangen waren, gaben sich die Vereinigten Staaten von Amerika 1787 eine geschriebene Verfassung. Thomas Paine erhob die geschriebene Verfassung zur "politischen Bibel des Staates".[18] Was heute als selbstverständlich gilt, war damals für die Monarchen von angeblichen Gottes Gnaden eine unerhörte Herausforderung. Noch 1847 lehnte der König von Preussen ab, "dass sich zwischen unseren Herrgott im Himmel und dieses Land ein beschriebenes Papier eindränge".

Das Grundprinzip der amerikanischen Verfassungen, nämlich die feierliche Festschreibung eines *government of laws and not of men*, hatte für die Französische Revolution Vorbildfunktion. Das gilt auch für die Idee der Beurkundung vor- und überstaatlicher Menschenrechte im Sinne der Amerikanischen Unabhängigkeitserklärung (1776), der *Bill of Rights* von Virginia (1776) und anderer amerikanischer Gliedstaaten.

In der konkreten Ausgestaltung der Menschenrechte und der Verfassung ging Frankreich freilich eigene Wege. Die Französische Erklärung der Menschen- und Bürgerrechte von 1789 war zwar gewiss ideen- und verfassungsgeschichtlich von englischen und amerikanischen Vorläufern inspiriert, aber sie antwortete zugleich in pragmatischer Weise auf die zeitgenössische Situation in Frankreich und knüpfte an eigenständige Entwicklungen der vorrevolutionären Zeit an.[19] Sie ging der ersten geschriebenen Verfassung Frankreichs zeitlich voraus, während die bundesstaatliche Rechteerklärung der amerikanischen Verfassung erst 1791 in Form von *Amendments* nachgeliefert wurde. Die Verfassungsdebatten der französischen Nationalversammlung standen *a fortiori* unter dem Einfluss französischer Staatsdenker, darunter insbesondere von Montesquieu, Voltaire, Rousseau und Mably, und sie gingen eigene, neue Wege.

Erstaunlicherweise ist die Verfassung der USA von 1787 bis heute in Kraft geblieben. Frankreich dagegen erlebte im gleichen Zeitraum sechzehn verschiedene staatliche Grundordnungen. Die ersten fünf lösten einander innert acht Jahren ab, wovon drei in Kraft traten. Zusammen mit der Erklärung der Menschen- und Bürgerrechte sind die zehn Jahre der Französischen Revolution von 1789 bis 1799 ein konstitutionelles Experimentierfeld ohnegleichen, das weit über Frankreich hinaus bis heute nachwirkt. Sieyes hat die erste Phase von 1789 bis 1791 und die Schlussphase 1799 massgeblich mitgestaltet. Aber die dominierende Rolle während der Juni-Tage blieb ihm versagt.

Erklärung der Menschen- und Bürgerrechte

Vorgeschichte: In diesen kritischen Wochen habe man, statt zu regieren, eine philosophische Disputation abgehalten, ist in der Nachschrift einer Vorlesung von Jacob Burckhardt zu lesen.[20] Mit diesem geringschätzigen Urteil versuchte der Basler Historiker die Erarbeitung der geschichtsmächtigen *Déclaration des droits de l'homme et du citoyen* vom Juli und August 1789 herabzusetzen. Den Deputierten der Französischen Nationalversammlung ging es indessen keineswegs um ein abstraktes, weltfremdes akademisches Seminar. Ihre Absicht war vielmehr, die bisherigen Errungenschaften der Revolution zu konsolidieren, die hochgehenden Emotionen in der Bevölkerung zu beruhigen und die Revolution wieder in legale, rationale, gewaltlose Bahnen zu lenken.

Kritisch waren diese Wochen allerdings. Auf die "erste Revolution" des Dritten Standes vom 17. Juni 1789 folgten Mitte Juli die "zweite Revolution" der Städte und um die Wende vom Juli zum August die "dritte Revolution" der Bauern.

Kaum hatte der wankelmütige König dem Dritten Stand nachgegeben, liess er sich von den Hardlinern in seiner Umgebung wieder umstimmen. Er zog Truppen um die in Versailles tagende Nationalversammlung zusammen und entliess am 11. Juli einmal mehr den gemässigten Minister Necker. In der Not von Preissteigerung und Arbeitslosigkeit wirkten die Massnahmen wie der Zünder am Pulverfass. Ein Gerücht jagte das andere: unmittelbar bevorstehende Gegenrevolution, gewaltsame Auflösung der Nationalversammlung, Verhaftung führender Abgeordneter, Restauration des *Ancien Régime*.

Paris reagierte sofort. Die Pariser Wahlmänner beschlossen die unverzügliche Bildung einer Nationalgarde. Bürgermilizen stürmten am 14. Juli die von Schweizer Söldnern verteidigte Bastille, Symbol des monarchischen Absolutismus im Herzen von Paris. Angesichts der Toten und Verwundeten liess sich die blutrünstige Gewalt nicht mehr stoppen: Lynchjustiz, Trophäen aufgespiesster Köpfe, erste Vorboten der Terreur. Ähnliche Vorkommnisse ereigneten sich etwa zur gleichen Zeit in anderen Städten Frankreichs.

Erschrocken machte Ludwig XVI. wiederum eine abrupte Kehrtwendung. Er bat die Nationalversammlung um Unterstützung zur Wiederherstellung der Ordnung, zog die Truppen von Versailles ab, holte Necker in sein Amt zurück, begab sich demütig-mutig ins *Hôtel de Ville* nach Paris und zeigte sich dem Volk mit aufgesetzter Kokarde als königliche Karikatur. Die Menge quittierte die erneute Kapitulation mit dem Ruf "Vive le roi!"

Nachdem sich die Städte einigermassen beruhigt hatten, griffen die Unruhen auf das Land über. Wie ein Flächenbrand breitete sich die "grande peur" vor einem aristokratisch-klerikalen Komplott aus. Aufgebrachte Bauern begnügten sich nicht damit, die sie belastenden Urkunden zu vernichten, sondern plünderten und brandschatzten Schlösser und Klöster.

Die Nationalversammlung musste handeln. Schneller und radikaler als erwartet, beschloss sie am 4. August die Aufhebung aller Feudalrechte und Privilegien sowie einige Tage später die Abschaffung des kirchlichen Zehnten. Das Ausführungsdekret vom 11. August hob die grundherrliche Rechtsprechung und die Käuflichkeit irgendwelcher Ämter auf. Die Bürger sollten inskünftig freien Zugang zu allen zivilen, militärischen und kirchlichen Ämtern haben. Zum Dank für die zum Wohle Frankreichs gefassten Beschlüsse ordnete die Nationalversammlung an, dass in allen Kirchen des Landes ein Tedeum gesungen werde. Wider besseres Wissen erklärte sie König Ludwig XVI. feierlich zum Wiederhersteller der französischen Freiheit. Das war der Anfang vom Ende der fast tausendjährigen Geschichte der französischen Monarchie.

Sieyes im Vorfeld der Menschenrechte-Erklärung: Wo war Sieyes zu dieser Zeit und was unternahm er? Die Spurensuche der Historiker ergab folgendes: Am 3. Juli wurde Sieyes für einen Monat als einer der Sekretäre der Nationalversammlung gewählt. Am 6. Juli schaffte an seiner statt sein Intimfeind Mounier die Wahl in den 30köpfigen Verfassungsausschuss. Am 8. Juli folgte die Nationalversammlung seinem Antrag in der Frage imperativer Mandate (VII). Am 13. Juli tauchte sein Name in einer angeblichen Verhaftungsliste auf. Am 15. Juli, also am Tag nach dem Sturm auf die Bastille, zeigte er sich im *Hôtel de Ville*. Gleichentags wurde er in den neuen, achtköpfigen Verfassungsausschuss gewählt. Am 20. Juli stellte er in diesem Verfassungsausschuss sein Projekt einer Rechte-Erklärung vor (IX), dem er einige Tage später eine Kurzfassung nachlieferte (X). Am 1. August fehlten ihm drei Stimmen für die Wahl zum Präsidenten der Nationalversammlung. Als diese am 4. August die Abschaffung der Privilegien beschloss, war Sieyes nicht anwesend; das ist umso erstaunlicher, als er vierzehn Tage zuvor einmal mehr die unverzügliche Beseitigung aller Privilegien gefordert hatte (IX/45). Am 6. August verteidigte er das Eigentumsrecht gegen das Verbot der Taubenjagd und intervenierte gegen die Verhaftung eines Adligen. Am 10. August hielt er in aussichtsloser Lage eine grosse Rede gegen die Abschaffung des kirchlichen Zehnten. Wenig fehlte und er wäre ausgepfiffen worden.[21] Trotzig publizierte er die Rede dennoch und stellte sie unter das Motto: "Ils veulent être libres, et ils ne savent pas être justes!" (XI) Am 19. August rangierte die Nationalversammlung den Entwurf von Sieyes für die Rechte-Erklärung an zweiter Stelle hinter demjenigen des Sechsten Büros. In der anschliessenden Plenardebatte bis zur Verabschiedung der Menschenrechte-Erklärung am 26. August hüllte er sich in Schweigen.

Anders als im Juni 1789, verlief die Revolution im Juli und August in wichtigen Aspekten nicht im Sinne von Sieyes. Die Gewalt gegen Personen und Sachen war ihm zutiefst zuwider. Dass die emotionsgeladene Zusammenrottung einer zufälligen Menschenmenge über das Schicksal der Nation entscheiden könnte und nicht die aufgeklärte Vernunft gewählter Repräsentanten, musste ihn erschrecken. Unannehmbar war für ihn ohne Zweifel die Antastung des Privateigentums. Im Gegensatz zur vorherrschenden Beurteilung durch Michelet, Lefebvre u.a.[22] ging es ihm bei seinem Engagement für den kirchlichen

Zehnten und die Kirchengüter wohl kaum um die Verteidigung klerikaler Vorrechte oder gar persönlicher Interessen, sondern - so die überzeugendere Argumentation von Bastid[23] und Zapperi[24] - um die Unverletzlichkeit des Eigentums. Während das Eigentum der Aristokraten und der bürgerlichen Grundherren geschützt blieb, sah Sieyes voraus, dass die Abschaffung des kirchlichen Zehnten dem ersten Schritt zur Enteignung der Kirchengüter gleichkam, die dann am 11. November 1790 formell vollzogen wurde. Der kompromisslose Einsatz für die Eigentumsrechte auch der Kirche hat dem Ruf von Sieyes bleibenden Schaden zugefügt.

Den Vorstellungen von Sieyes entsprachen anderseits die Ignorierung imperativer Mandate, die Bildung der Nationalgarde, die Abschaffung der Privilegien, die Bewahrung der Monarchie im konstitutionellen Rahmen, die Festigung der Autorität der Nationalversammlung sowie die Wiedergewinnung der Legalität, und in der verfassungspolitisch wichtigsten Frage, der Menschenrechte-Erklärung, buchte er einen überwiegenden Teilerfolg.

Der Entwurf von Sieyes: Im Sinne von Sieyes wurde die Erklärung der Menschen- und Bürgerrechte gegen den anfänglichen Widerstand von Mounier und Mirabeau am 26. August 1789 vor der Verfassung verabschiedet und sofort mit grosser Publizität kundgemacht. Bis zu diesem Zeitpunkt gab es bereits rund zwanzig Entwürfe. Der Vorschlag von Sieyes gehörte zu den wichtigsten, neben den Entwürfen Mouniers, La Fayettes und des Sechsten Büros. Sieyes hatte sein Projekt dem Verfassungsausschuss am 20. Juli erstmals vorgelegt und unter dem Titel *Préliminaire de la Constitution* alsogleich veröffentlicht.[25] Sein Hauptanliegen war dabei, wie der Untertitel verdeutlicht, eine "exposition raisonnée", d.h. es ging ihm in erster Linie um den "esprit de la loi", um die Darlegung des philosophischen Hintergrunds der Rechte-Erklärung (IX/3); die katechismusartige Aufzählung der einzelnen Rechte nach amerikanischem Muster fügte er eher widerwillig als Konzession an den Zeitgeist und für die weniger Aufgeklärten bei. In einer späteren Fassung liess er den "Préliminaire" weg und ersetzte ihn durch eine kurze Präambel (X).

Der *Préliminaire* betont den universellen Anspruch der Menschenrechte. Sie sind in der Natur der Menschen angelegt. *Jede* gesellschaftliche Vereinigung soll und darf keinem anderen Zweck dienen als der Sicherung und Erweiterung der Menschenrechte (IX/19). Sie gewährleisten den gegenseitigen Nutzen der Gesellschafter (*utilité réciproque*), fördern ihr Glück (*bonheur*) und vervollkommnen ihre geistigen und körperlichen Fähigkeiten (IX/22, IX/24). Die gesellschaftliche Vereinigung bewirkt keine Freiheitseinbusse, sondern einen Freiheitsgewinn (IX/26). Freiheit definierte Sieyes als Eigentum an der eigenen Person und an den durch eigenes Tun erworbenen Gütern; das erste ist gleichsam das Urrecht und unveräusserlich, das zweite ist aus ihm abgeleitet; als wichtigste Art des Sacheigentums identifizierte er das Grundeigentum (IX/26f, IX/42). Ausdrücklich präzisierte Sieyes, dass die Freiheit aller gemeint sei und nicht etwa nur eines Teils der Bevölkerung (IX/28). Über die Freiheit hinaus ist der gesellschaftliche Zusammenschluss imstande, noch andere Vorteile hervorzubringen, insbesondere ein öffentliches Erziehungs- und Bildungssystem und letztlich das grösstmögliche Wohl aller (IX/32, IX/42).

Man beachte die Formel "le plus grand bien de tous" und nicht etwa das grösstmögliche Glück der grössten Zahl.

Welche konkreten Freiheitsrechte hatte Sieyes im Visier? Im *Préliminaire* findet sich die folgende geballte Formulierung:

> "So hat jeder Bürger[26] das Recht zu bleiben, zu gehen, zu denken, zu reden, zu schreiben, zu drucken, zu veröffentlichen, zu arbeiten, zu erzeugen, zu behalten, zu transportieren, zu tauschen, zu konsumieren usw." (IX/28)

Einige Seiten später ergänzte er: "(...) zu reden oder zu schweigen" (IX/43). Sind gewisse moderne Rechtsordnungen in bezug auf das Schweigerecht von Angeklagten, Angehörigen, Freunden und Zeugen nicht vergleichsweise rückschrittlich?

Im artikelförmigen Schlussteil nannte Sieyes wörtlich oder sinngemäss die folgenden Freiheitsrechte: persönliche Freiheit, Gedanken- und Gesinnungsfreiheit, Meinungsäusserungsfreiheit, Pressefreiheit, Briefgeheimnis, Eigentumsgarantie, Handels- und Gewerbefreiheit, Freizügigkeit, Auswanderungsfreiheit, Gleichheit vor dem Gesetz, Rechtsgleichheit, gleicher Anspruch auf Schutz der Freiheitsrechte, gleiche Bestrafung, Schutz vor willkürlicher Gerichtsvorladung und Verhaftung sowie gerichtlicher Rechtsschutz (IX/41-51). Problematisch erscheint die Formulierung des Widerstandsrechts: Wenn einerseits Ungehorsam gegenüber einer gesetzeskonformen gerichtlichen Vorladung oder Verhaftung strafbar ist, anderseits gesetzwidrige Anordnungen nichtig sind und in solchen Fällen jeder Bürger das Recht hat, "Gewalt mit Gewalt abzuweisen" (IX/47), wer entscheidet über die Illegalität einer Amtshandlung?

Während die Freiheitsrechte für alle gleich sind und sein müssen, akzeptierte Sieyes die Ungleichheit der Mittel, d.h. die Ungleichheit von Reichtum, Geist und Kraft (IX/22f, IX/46). Allerdings hat jeder Mensch, der ausserstande ist, für seinen Lebensunterhalt aufzukommen oder keine Arbeit findet[27], das Recht auf Unterstützung durch die Mitbürger bzw. die Gesellschaft. Hier postulierte Sieyes also ein Sozialrecht, wobei er freilich offenliess, ob der Staat in der Pflicht steht, wenn die Gesellschaft versagt. Zuvor hatte er geschrieben: "Eine geheime Stimme spricht unablässig in der Tiefe der starken und reinen Seelen zugunsten der Schwachen." (I/10)

Grössere Klarheit im Vergleich zu den Frühschriften brachte der *Préliminaire* in der Bestimmung der Träger von Menschenrechten und politischen Rechten. Sieyes unterschied erstmals zwischen Passiv- und Aktivbürgern (IX/36f). Passivbürger sind - ungeachtet von Geschlecht, Alter, Vermögen, Einkommen und Staatsangehörigkeit - alle Einwohner eines Landes. Sie haben den gleichen Anspruch auf die Freiheitsrechte und auf Sozialhilfe. Die politischen Rechte dagegen, d.h. insbesondere das Wahlrecht, steht nur den Aktivbürgern zu. Sie besitzen den *pouvoir commettant*, der dem *pouvoir constituant* vorgeordnet ist (IX/36). Ausgeschlossen von den politischen Rechten sind die Frauen, die Kinder, die Ausländer und diejenigen, die keinen Beitrag zur Unterstützung des Gemeinwesens leisten. Den Ausschluss der Frauen schwächte Sieyes durch den Zusatz "mindestens vorläufig" ab. Eigenartigerweise sah er in der politischen Diskriminierung der Frauen und der unteren sozialen Schichten keinen Widerspruch zur Gleichheit der Rechte. Diese schien ihm erst durch Privilegien verletzt, d.h. durch die Befreiung von einer gemeinschaftlichen Last oder die ausschliessliche Gewährung eines gemeinschaftlichen Gutes (IX/37).

Die Menschenrechte können nach Sieyes von drei potentiellen Feinden bedroht werden: den Mitmenschen, den Amtsträgern und auswärtigen Mächten (IX/29-32). Zum Schutz gegen äussere Feinde ist eine Armee notwendig. Sie soll ausschliesslich der Abwehr äusserer Bedrohungen dienen. Niemals darf der Soldat gegen den Bürger eingesetzt werden.

Die einzige Gewähr gegen die Unterdrükkung durch einzelne Amtsträger, ganze Behörden und die Regierung bietet eine gute Verfassung aller öffentlichen Gewalten, insbesondere der Gesetzgebung und der Justiz.

Die geringste Bedrohung, meinte Sieyes, geht von den Mitmenschen aus. "Nicht schaden" heisst sein oberster Grundsatz für die zwischenmenschlichen Beziehungen (IX/42). Die Grenze der Freiheit ist die gleiche Freiheit der Mitmenschen. Diese Grenze zu ziehen ist Sache der Gesetze. Die Ungleichheit der Mittel darf nicht zu einem Recht der Stärkeren führen. Die Unterdrückung der Schwachen durch die Starken ist nicht legitim. Es ist das Recht, ja die Pflicht der Schwachen, sich vom Joch der Starken zu befreien (IX/23). Umgekehrt hat der Staat die gesetzliche Pflicht, die Rechte der Schwachen gegen die Starken zu schützen. In der Konzeption von Sieyes sind die Menschenrechte nicht nur Abwehrrechte gegen, sondern auch Anspruchsrechte an die staatlichen Behörden (IX/29; IX/32). Sie gelten nicht nur vertikal zwischen Mensch und Staat, sondern auch horizontal zwischen den Menschen.

Vergleich des Sieyes-Entwurfs mit der rechtsgültigen Erklärung: Wie stark oder wie schwach sind die Anliegen von Sieyes in die Erklärung der Menschen- und Bürgerrechte vom 26. August 1789 eingegangen? Forsyth vertritt die Auffassung, ein einziger der siebzehn Artikel gehe auf Sieyes zurück.[28] Das mag stimmen, wenn man dem Buchstaben, keineswegs aber wenn man dem Sinn der Erklärung folgt.

Zwar trifft es zu, dass Sieyes erheblich über die Erklärung der Nationalversammlung hinausgehen wollte: Briefgeheimnis, Handels- und Gewerbefreiheit, Freizügigkeit, Auswanderungsrecht, Verbot des Armeeeinsatzes im Landesinneren, weitergehendes Widerstandsrecht, Recht auf die Vorteile (*avantages*) des gesellschaftlichen Zusammenschlusses, Recht auf Sozialhilfe, Recht der Verfassungsrevision. Ferner hatte Sieyes in der Erstfassung festgehalten, dass der König im Gegensatz zu allen anderen Amtsträgern nicht zur Verantwortung gezogen werden könne[29], was er aber in den späteren Versionen fallen liess (IX/Art. 33, X/Art. 36).

Richtig ist auch, dass die Rechte-Erklärung der Nationalversammlung in wichtigen Fragen von Sieyes abweicht. Die Anrufung Gottes bzw. des "Être suprême" hatte der ehemalige Abbé nicht vorgeschlagen (Präambel). Der utilitaristische Grundsatz, wonach soziale Unterschiede im gemeinsamen Nutzen, also auch auf Kosten einzelner, begründet sein dürfen (Art. 1), war nicht im Sinne von Sieyes' Ziel des grösstmöglichen Wohls *aller*. Sieyes forderte eine rein repräsentative Verfassung, während die Nationalversammlung beide Varianten der Gesetzgebung, die repräsentative und die direktdemokratische zulässt (Art. 6 und 14). Wichtige Menschenrechte sind in der Erklärung der Nationalversammlung im Gegensatz zu Sieyes eingeschränkt, so die Meinungsfreiheit durch die "ordre public"-Klausel (Art. 10), die Meinungsäusserungsfreiheit durch den

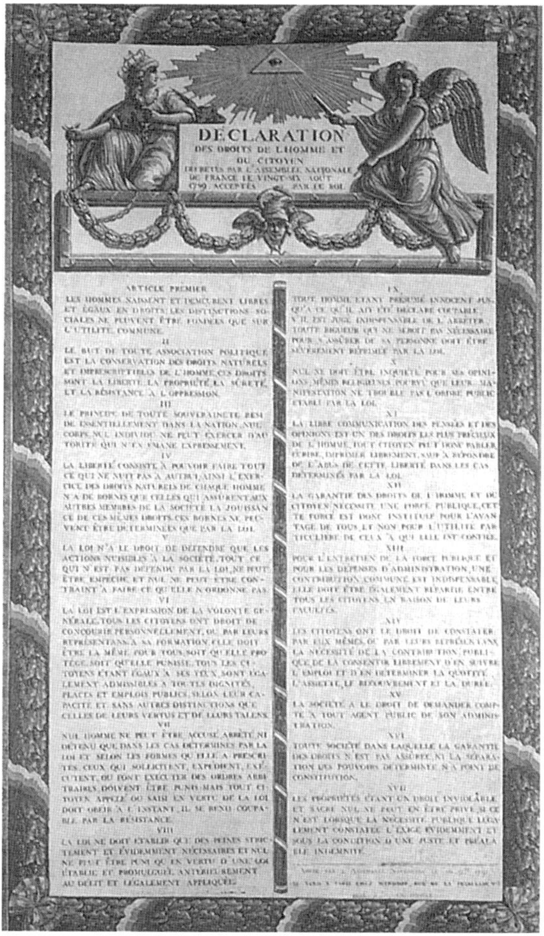

Die Erklärung der Menschen- und Bürgerrechte 1789
Musée d'Unterlinden Colmar

vagen Missbrauchsvorbehalt (Art. 11) und die Eigentumsgarantie durch den ebenso vagen Vorbehalt der "nécessité publique" (Art. 17). Irreführend ist die Behauptung von Godechot, die Rechte-Erklärung der Nationalversammlung impliziere das allgemeine Wahlrecht für Männer und Frauen, Weisse und Schwarze[30]; denn sowohl im Titel als auch im Text wird zwischen Menschen- und Bürgerrechten unterschieden; die politischen Rechte sind explizit den "Bürgern" vorbehalten (Art. 6).
Gewichtiger als die Abweichungen sind indessen die Übereinstimmungen. Dass die Menschen von Geburt frei und an Rechten gleich sind und bleiben (Art. 1), dass das Ziel jeder politischen Vereinigung die Wahrung der natürlichen und unveräusserlichen Menschenrechte ist (Art. 2), dass der Ursprung der Souveränität letztlich in der Nation ruht (Art. 3), dass die individuelle Freiheit durch die gleiche Freiheit der Mitmenschen begrenzt ist und jede Freiheitsbegrenzung einer gesetzlichen Grundlage bedarf (Art. 4), dass die Freiheit alles umfasst, was die Gesetze nicht verbieten oder gebieten (Art. 5), dass das Gesetz Ausdruck des allgemeinen Willens ist und die politischen Rechte allen "Bürgern" zustehen (Art. 6), - all

Allegorie der Erklärung der Menschen- und Bürgerrechte 1789
Von Jean-Baptiste Regnault
Sieyes links am Tisch sitzend

dies entsprach völlig den bisher publizierten Werken von Sieyes. Ferner besteht grundsätzlich Übereinstimmung bezüglich der straf- und strafprozessrechtlichen Freiheitsrechte (Art. 7, 8 und 9), der Meinungsfreiheit (Art. 10), der Meinungsäusserungsfreiheit (Art. 11), der Notwendigkeit einer Streitmacht (Art. 12), der Steuerbewilligung (Art. 13 und 14), der Rechenschaftspflicht der Amtsträger (Art. 15), der verfassungsmässigen Sicherung der Menschenrechte und der Gewaltenteilung (Art. 16) sowie der Eigentumsgarantie (Art. 17). Die Vermischung von Individualrechten und allgemeinen Verfassungsgrundsätzen (Gewaltenteilung, Repräsentation, Souveränität, Armee usw.) war keine französische Besonderheit, sondern findet sich auch in der englischen *Bill of Rights* von 1689 und in den amerikanischen Menschenrechte-Erklärungen von 1776ff.

Somit sind von den 17 Artikeln der Rechte-Erklärung der Nationalversammlung 11 völlig und 6 teilweise im Sinne von Sieyes. Kommt dazu, dass er einer der ersten war, der eine zeitlich vorgezogene und von der Verfassung getrennte Menschenrechte-Erklärung gefordert hatte (IV/44). Schliesslich besteht Übereinstimmung bezüglich des universellen Charakters der Menschenrechte. Fazit: Die *Déclaration des droits de l'homme et du citoyen* vom 26. August 1789 entspricht in hohem Masse den Vorstellungen von Sieyes, was selbstverständlich nicht allein auf seinen Einfluss zurückzuführen ist.

Dass die *Déclaration* vom 26. August 1789 im Vergleich mit den Entwürfen von Sieyes und anderen Abgeordneten ausgesprochen fragmentarischen Charakter hat, war der Nationalversammlung sehr wohl bewusst. Die rasche Publikation und zwar ohne königliche Sanktion schien ihr wichtiger als annähernde Vollständigkeit, um die bisherigen Errungenschaften der Revolution festzuschreiben, die erhitzten Gemüter in der Bevölkerung zu beruhigen und die Erarbeitung der Verfassung möglichst ungestört an die Hand nehmen zu können. Indessen behielt sich die Nationalversammlung vor, die Rechte-Erklärung nach der Fertigstellung der Verfassung zu überarbeiten und zu ergänzen. Als dann aber die Verfassung am 3. September 1791 verabschiedet wurde, hatte die Menschenrechteerklärung zwischenzeitlich einen so starken Nimbus quasireligiöser Weihe erlangt, dass man sie nicht mehr antasten wollte. Obwohl sie 1791 ergänzt sowie 1793 und 1795 neu formuliert wurde, griffen die Verfassungen von 1946 und 1958 wieder auf das ältere Dokument zurück. Das Provisorische überdauerte und wurde, wie es Michelet formulierte, zum "Credo eines neuen Zeitalters".

Republikanisch-monarchische Verfassung

Vorgeschichte: Nach der Verabschiedung der Erklärung der Menschen- und Bürgerrechte begann die Nationalversammlung mit der Beratung der Verfassung. Sie zog sich über volle zwei Jahre hin. Wie Sieyes vorausgeplant und angesichts der ausserordentlichen Lage als Ausnahme von der Regel vorsorglich für gut befunden hatte (II/77; TE/185f), nahm die Nationalversammlung die verfassungs- und gesetzgebende Gewalt in Anspruch. Die anfänglichen Bedenken gegenüber der Legitimation einer nicht durchwegs korrekt und nicht für diesen Zweck gewählten Versammlung (IX/17f), liess Sieyes mit der Zeit stillschweigend fallen. Er mochte sich nicht mehr an seinen Vorsatz erinnern, die Verfassung nur provisorisch in Kraft zu setzen, bis ein eigens dafür gewählter Konvent sie bestätigt hätte. Wahrscheinlich zweifelte er daran, dass sie vor einem neugewählten Gremium Bestand gehabt hätte. Diese Zweifel waren nur allzu berechtigt.

Sieht man den Sinn der Verfassunggebung unter anderem darin, einen möglichst breiten gesellschaftlichen Konsens über die staatliche Grundordnung zu verankern, so wurde dieser Zweck verfehlt. Denn am Ende war zwar das *Ancien Régime* mit seiner Ständeordnung und der Tendenz zum königlichen Absolutismus zerschlagen, aber das neue Regime stand auf wackligem Grund. Während der zweijährigen Verfassungsarbeit brachen neue Gegensätze auf, wuchsen neue soziale Kräfte heran. Der Verfassung fehlte die Kraft, die alten und neuen Widersprüche zu überbrücken sowie die alten und neuen sozialen Kräfte zu integrieren. Obwohl die Nationalversammlung überwiegend in einer sachlichen, ruhigen, zivilisierten Atmosphäre arbeiten konnte, wirkten die sporadischen äusseren, tumultartigen und zum Teil gewalttätigen Störungen nachhaltiger als die mit wechselnden Mehrheiten erzielten Kompromisse. Es waren vor allem die sich verschärfenden Spannungen um die Monarchie und um die Kirche, welche das tödliche Gift gegen die Überlebensfähigkeit der Verfassung produzierten.

Mit durchsichtigen Vorwänden verschob Ludwig XVI. zwei Monate lang die Genehmigung der Beschlüsse des 4. August. Offensichtlich spielte er auf Zeitgewinn. Gegen diese Hinhaltetaktik inszenierten unsichtbare Hände am 5. Oktober 1789 den Protestmarsch der Pariser Frauen nach Versailles. Wieder gab der König unter Druck nach. Er akzeptierte die Menschenrechte-Erklärung (Verfassungsstufe) und sanktionierte die Abschaffung der Feudalrechte (Gesetzesstufe).

Doch den aus dem Hintergrund agierenden Revolutionären genügte das nicht mehr. Sie wollten die Kontrolle über den König. Nach einem ungeklärten Schuss brach die Menge im Morgengrauen des 6. Oktober 1789 ins Schloss ein, überrannte die vom arglosen La Fayette befehligte Nationalgarde und zwang die Königsfamilie und mit ihr auch die Nationalversammlung zum Umzug nach Paris. Umringt von den schreienden und tanzenden Frauen, applaudiert von den spalierstehenden Zaungästen, bewegten sich die königlichen Kaleschen im Schritttempo von Versailles zum neuen Wohnsitz in den Tuilerien: ein karnevalesker "Leichenzug der Monarchie" (Stefan Zweig).

Immer deutlicher trat die Französische Revolution als Vorbote einer internationalen Revolution in Erscheinung. Sichtbares Zeichen dafür war das "Fest der Menschheit" auf dem Marsfeld am 14. Juli 1790, dem ersten Jahrtag des Sturms auf die Bastille. Delegationen aus ganz Frankreich strömten nach Paris. Auch fehlte nicht ein Repräsentant des Menschengeschlechts in der Person eines ausländischen Sprechers. Am Altar des Vaterlandes konzelebrierte Bischof Telleyrand das Hochamt mit 200 Priestern, alle in Messgewändern mit der Trikolore als Gürtel. Unter Kanonendonner leisteten die Teilnehmer der Massenkundgebung einen feierlichen Eid. Auch dem König war es nicht erspart, daran teilzunehmen.

Ludwig XVI. hatte jedoch nur zum Schein nachgegeben. Während die Nationalversammlung in der Manège permanent tagte, hoffte er auf eine Wende. Als treibende Kraft hinter dem phlegmatischen König entpuppte sich die einst vergötterte und jetzt immer mehr verhasste Königin Marie-Antoinette, Tochter der österreichischen Kaiserin Maria Theresia. Im goldenen Käfig der Tuilerien knüpfte das Königspaar Fäden zu ausländischen Höfen, verbündete sich widerwillig mit Revolutionären der ersten Stunde wie dem Ehrenmann La Fayette und dem käuflichen Mirabeau, nach dem Tod Mirabeaus mit dem ehrgeizigen Barnave, ersann Intrigen, schmiedete Fluchtpläne.

Am 20. Juni 1791 war es soweit. Im Dunkel der Nacht stahl sich die Königsfamilie vermummt an den Wachen vorbei. Doch die vom schwedischen Liebhaber der Königin organisierte Flucht stand unter einem ungünstigen Stern. Alles, was schief gehen konnte, ging schief. In Varennes wurden die Flüchtigen gestoppt und unter militärischer Eskorte mit Schimpf und Schande in die Tuilerien zurück verfrachtet.

Die Flucht der Königsfamilie war ein Wendepunkt. Bisher hatte die Monarchie als unverrückbarer Eckpfeiler der Verfassung gegolten. Nun wurde sie offen in Frage gestellt. Die Gewichte verlagerten sich weg von der Mitte zu den "linken" und "rechten Parteien". Als Monarchisten und Aristokraten einen letzten Versuch unternahmen, den Verfassungsentwurf nach dem Muster des englischen Mischverfassungsmodells umzumodeln und die Flucht der Königsfamilie als Entführung vorzugaukeln, machten die Republikaner mobil. In einer grossen Manifestation auf dem Marsfeld forderten sie am 17. Juli 1791 die Absetzung des Königs. Ohne Vorwarnung schoss die Nationalgarde in die Menge. Es gab fünfzig Tote. Damit wurden die Schleusen für eine öffentliche Polemik über Monarchie oder Republik geöffnet. Unter der Decke der "bürgerlichen Revolution" formierte sich die "proletarische". Aber noch stand die von den Besitzbürgern beherrschte Nationalversammlung den Republikanern im Wege.

Durch den Kirchenkampf wurde eine zweite gefährliche Front eröffnet. Die Beschlüsse der Nationalversammlung über die Abschaffung des Zehnten, die Enteignung der Kirchengüter, die Auflösung der Ordensgemeinschaften, die Aufhebung der Klöster, die Ungültigerklärung kirchlicher Gelübde, die Zivilverfassung der Kirche, die Neueinteilung der Bistümer, die Wahl der Bischöfe und Pfarrer durch die Aktivbürger, den Zwangseid der Kleriker auf die Verfassung, - all dies zusammen lief auf die totale Verstaatlichung der katholischen Kirche hinaus. Dies provozierte den Papst zur Fundamentalopposition gegen die Französische Revolution. Etwa die Hälfte des

Klerus verweigerte den Verfassungseid. Von nun an gab es in Frankreich zwei katholische Kirchen, die national-gallikanische und die römisch-ultramontane.

Talleyrand, damals Bischof von Autun und als Deputierter der Nationalversammlung Wortführer der Verstaatlichung der Kirchengüter, bezeichnete diese fatale Entwicklung später als die grösste Torheit der Revolution. In der Tat förderte das Kirchenschisma mittelfristig die antiklerikale Aversion der radikalen Jakobiner, langfristig aber die Bündelung der gegenrevolutionären Kräfte von Monarchie, altem Adel, Geldadel und Papsttreue. Wer vor und hinter die Kulissen guckt, findet die Spuren dieser unheiligen Allianz der Ewiggestrigen bis in die Gegenwart. Wie heisst es doch bei Marx: wenn die Geschichte sich wiederholt, dann ist es das erste Mal eine Tragödie, das zweite Mal eine Farce?[31] Und Sieyes?

Sieyes im Vorfeld der neuen Verfassung: Seit dem einsamen Eintreten für den kirchlichen Zehnten war sein Kredit in der Nationalversammlung geschrumpft. Oft schwieg er, auch wenn Freunde und Gegner von ihm ein Wort erwarteten. Das hatte verschiedene Gründe, die im nachhinein schwer zu gewichten sind. Bei passender Gelegenheit liess er Gleichgesinnten den Vortritt wie beispielsweise Thouret zu Beginn der Debatte über die territoriale Gliederung des Landes. Mitunter mag ihn der Stolz gehindert haben, sich in die Niederungen des Schlussgerangels vor den Abstimmungen zu stürzen, nachdem er längst gesagt hatte, was zu sagen war; das Orakel hatte gesprochen; wer es immer noch nicht kapiert hatte, dem war ohnehin nicht zu helfen. Auch war es eine seiner Eigenheiten, auf persönliche Angriffe meist, statt zu reagieren, sich wie ein verletztes Tier zu verkriechen: "Ich antworte weder auf Hass noch auf Neid noch auf üble Scherze (...)" (XI/1).

Trotzdem, Sieyes zählte während der ganzen Dauer der Verfassungsausarbeitung zu den aktivsten und einflussreichsten Abgeordneten. Ein Indiz dafür sind die Ämter, die er innehatte. Seit dem Sturm auf die Bastille gehörte er dem achtköpfigen Verfassungsausschuss an, und er blieb in diesem wichtigen Steuerungsgremium bis zur endgültigen Verabschiedung der Verfassung. Als es nach den Niederlagen der anglophilen Monarchisten im September 1789 zu einer Teilerneuerung im Verfassungsausschuss kam, erhielt seine Richtung der sogenannten Patrioten Verstärkung. Im Juni 1790 wurde Sieyes für die üblichen vierzehn Tage zum Präsidenten der Nationalversammlung gewählt, nachdem er sich unter dem Vorwand seiner angeschlagenen Gesundheit und seiner schwachen Stimme zweimal hatte bitten lassen (XIXf; XXVIf). Im Januar/Februar 1791 bildete er zusammen mit La Rochefoucauld, Mirabeau und Talleyrand das Direktorium des Departements Paris; er nutzte dieses Amt, um den Entscheid der Nationalversammlung in der Frage der Kultusfreiheit dissidenter Katholiken zu präjudizieren (XXI). Im März 1791 schlug er die Wahl zum Bischof von Paris aus (XXII). Am 13. September 1791 gehörte er zu jenen Deputierten, die dem König die Verfassung überreichten.

Ein anderes Indiz für die Präsenz ist die indirekte, informelle Einflussnahme durch das Medium der Klubs, welche die Traktanden der Nationalversammlung vorbesprachen. Von Anfang an war Sieyes aktives Mitglied des "Club breton". Mit dem Umzug der Nationalversammlung nach Paris verlegte dieser Klub seinen Treffpunkt von einem Versailler Kaffeehaus in das Dominikanerkloster St. Jacques, weshalb sich der Übername "Jakobiner-Klub" einbürgerte. Dieser entwickelte sich zum wichtigsten aller Klubs mit 450 Filialen in ganz Frankreich.

Angesichts der zunehmenden Radikalisierung der Jakobiner ging Sieyes auf Distanz. Zusammen mit Condorcet, La Fayette, Mirabeau und Talleyrand gründete er im Frühjahr 1790 die "Société de 1789", die durch prohibitive Gebühren unerwünschte Kandidaten fernhielt. In der Skizze für eine "Société patriotique" entwarf Sieyes einen Plan für ein landesweites Netzwerk von Töchtern der "Société de 1789" (XVIII). Zur gleichen Zeit war Sieyes Mitglied der "Société des amis des Noirs".

Nach dem blutigen Ausgang der Manifestation auf dem Marsfeld spaltete sich der Jakobiner Klub. Der harte Kern um Robespierre blieb. Condorcet und Paine wurden die Hauptexponenten der "Société républicaine". Sieyes war im "Club des Feuillants" anzutreffen.

Als die Jakobiner eine giftige Polemik gegen den prominenten Abtrünnigen eröffneten und ihn sogar eines konterrevolutionären Komplotts beschuldigten, verzichtete Sieyes bezeichnenderweise auf eine Verteidigung mit den Worten: "Wenn ich sage: zwei mal zwei macht vier, dann wollen die Schurken dem Publikum weismachen, ich hätte gesagt: zwei mal zwei gleich drei. Wenn es so ist, was soll's? Es bleibt einem nur zu schweigen." (XXXVI/39)

Das wichtigste Indiz der Aktivitäten von Sieyes im Vorfeld der Verfassung von 1791 sind die überlieferten Reden und Schriften. Zusammen mit den weitherum bekannten Frühschriften hat Sieyes zu den meisten der strittigen Verfassungsfragen persönlich Stellung genommen: Im Juli 1789 zu den Menschenrechten und den politischen Rechten (IXf) sowie zum territorialen Stufenbau (VIII), im August 1789 zu den Kirchengütern (XI), im September 1789 gegen das königliche Veto (XII), im Oktober 1789 erneut zur vertikalen Organisation in einem dezentralisierten Einheitsstaat (XIII), im Januar 1790 für die Pressefreiheit (XIV), im Februar 1790 zur Kirchenordnung (XVf), im März 1790 zur Neugestaltung der Justiz (XVII), im Mai 1791 für religiöse Toleranz (XXIV) und für die politischen Rechte der Nichtweissen in den Kolonien (XXV), im Juni 1791 einmal mehr gegen irgendwelche Ungleichheiten kraft Geburt, gegen das Zweikammerparlament und für die

Gesetzesherrschaft (XXVIII), im Juli 1791 für die konstitutionelle Monarchie im Rahmen einer Repräsentativ-Verfassung und gegen die republikanische Regierungsform (XXIXf). Eine solche intellektuelle Präsenz in dieser Breite und Tiefe in der Zeit 1789 bis 1791 hat ihm keiner nachgemacht, weder innerhalb noch ausserhalb der Nationalversammlung.

Sind die Ideen von Sieyes aber tatsächlich in die Verfassung eingegangen? Diese Frage soll im folgenden geklärt werden. Zu diesem Zweck werden die Schlüsselelemente der Verfassung von 1791 mit den Sieyes'schen Quellen verglichen.

Abschaffung der Ständeordnung: Die Präambel proklamiert die Abschaffung aller Einrichtungen, welche den Grundsätzen von Freiheit und Gleichheit widersprechen. Konkret bedeutet das laut Präambel: Es gibt keinen Adel mehr, keine Standesunterschiede, keine Feudalrechte, keine Käuflichkeit oder Erblichkeit öffentlicher Ämter, keine Privilegien, keine Zünfte, keine religiösen Gelübde. Dies entsprach völlig den Intentionen von Sieyes. Auch der Nichtgeltung religiöser Gelübde vor dem staatlichen Gesetz konnte der ehemalige

Abbé wohl problemlos zustimmen, auch wenn er dazu schwieg, mit Ausnahme zur Ablehnung des Zölibatsgelübdes (XVI/27).

Menschenrechte: Titel I über Verfassungsgrundsätze ergänzt zunächst die fragmentarisch gebliebene Erklärung der Menschen- und Bürgerrechte von 1789 und zwar grösstenteils im Sinne von Sieyes. Neu ist die Anerkennung der Versammlungsfreiheit; bestimmt war Sieyes nicht dagegen, obwohl sie bisher auch in seinem Menschenrechtekatalog gefehlt hatte. Nicht ausdrücklich aufgeführt ist in der Verfassung die Gleichberechtigung der Protestanten, Juden und Nichtweissen, aber sie ist aufgrund der Materialien inbegriffen; Sieyes hatte sich in der Nationalversammlung konsequent für diese Minderheiten eingesetzt.[32] Dass sich die religiöse Toleranz auch auf die Kultusfreiheit papsttreuer katholischer Priester und ihrer Anhänger erstreckte, war das persönliche Verdienst von Sieyes (XXI, XXIV).[33] Nicht geäussert hat sich Sieyes zur Zulässigkeit von Einschränkungen der Menschenrechte aus Gründen der öffentlichen Sicherheit (*sûreté publique*). Diese Staatsschutzbestimmung passte jedoch kaum zum bisherigen, streng individualistischen Menschenrechtsverständnis von Sieyes.

Kirche: Ein wichtiger Dissens im Bereich der Menschenrechte betrifft die Stellung der Kirche. Titel I der Verfassung hält die Nationalisierung der Kirchengüter fest und garantiert deren Verkauf zugunsten der Staatskasse. Diese Bestimmungen verletzten in den Augen von Sieyes die der Verfassung und der verfassunggebenden Gewalt übergeordnete, naturrechtliche Eigentumsgarantie. Aber nachdem die Nationalversammlung nun einmal so entschieden hatte, bemühte sich Sieyes, durch konstruktive Vorschläge noch grösseres Unheil abzuwenden. Vor allem im *Projet d'un décret provisoire sur le clergé* (XVI) beschwor er die Deputierten, doch zu bedenken, dass sie die Verfassung zusammen mit dem Klerus und dem Adel zu erarbeiten hätten und dass es deshalb unklug wäre, diese ohne Not vor den Kopf zu stossen (XVI/5).

Gegen die Wahl der Bischöfe und Pfarrer der Nationalkirche durch die Aktivbürger hatte er wohl nichts einzuwenden, da er seit je den Kirchendienst - so wie Verwaltung, Justiz und Armee - als öffentliche Aufgabe verstand (TE/122) und die Befugnis der Nationalversammlung zur Regelung der Wahlen und der Wählbarkeit anerkannte (XVI/27).

Aber ihn störte die Enteignung und das Verscherbeln der bisher von der Kirche betreuten Bildungs- und Fürsorgeeinrichtungen. Deshalb schlug er als "kleinstes Übel" (XVI/22) vor, die baulichen Infrastrukturen ihren bisherigen Zwecken möglichst nicht zu entfremden und die Erlöse aus dem Verkauf von Kirchengütern vorrangig zu verwenden, erstens für den personellen und sachlichen Unterhalt der Nationalkirche, zweitens für das öffentliche Bildungswesen und drittens für das öffentliche Fürsorgewesen (XVI/24f).

Dafür war die Nationalversammlung nicht zu gewinnen. Sie beschloss zwar die Salarierung der Kultdiener der Nationalkirche aus staatlichen Mitteln (Titel V, Art. 2), lehnte aber eine weitergehende Einschränkung des Verwendungszwecks ab. Man wollte die Staatsschulden möglichst ohne Steuererhöhung auf Kosten der Kirche abtragen. Zudem witterten die Besitzbürger die Chance persönlicher Bereicherung beim Ausverkauf der Kirchengüter. Tatsächlich vollzog sich die Privatisierung schon damals nicht ohne Korruption und Insidergeschäfte.

Öffentliches Bildungs- und Fürsorgewesen: Titel I der Verfassung erklärt die kostenlose Schule für alle sowie die Sorge für Waisenkinder, Kranke, Arme und Arbeitslose zu Staatsaufgaben. Die öffentliche Schule gehörte seit je zu den aufklärerischen Grundanliegen von Sieyes (II/121; IV/64). Ob die Fürsorge eine Aufgabe der Gesellschaft oder des Staates sein soll, lässt sich aus den Frühschriften nicht klar entnehmen (IX/47; X/7).[34] Aber nachdem die Nationalversammlung der Kirche als dem bisherigen Hauptträger der Sozialeinrichtungen die Mittel entzogen hatte, wollte Sieyes den Staat unmittelbar in die Pflicht nehmen:

> "Die Verantwortung für die Armen beispielsweise ist nicht zu trennen von einem Gesellschaftszustand, in dem alle Menschen frei sein sollen (...) und in dem die Arbeit ebenso wie die Fähigkeiten so ungleich verteilt sind, dass die am wenigsten Begünstigten (...) aus eigener Kraft nicht ein ganzes Jahr lang leben könnten." (XVI/7)

Vertikaler Staatsaufbau: Titel II der Verfassung definiert Frankreich als unteilbaren Einheitsstaat und gliedert ihn in 83 Departemente, die Departemente in Distrikte und die Distrikte in Kantone. Diese dreistufige Dezentralisation war ein Grundanliegen von Sieyes. Er hatte sie bereits in den Frühschriften grob skizziert (II/125-127; TE/187; IV/49f). Als Mitglied des Verfassungsausschusses beantragte er die vordringliche Behandlung des Problems (XII/12; XII/32). Seine eigenen Vorstellungen konkretisierte er in *Quelques idées de Constitution applicables à la ville de Paris* (VIII) und in den *Observations sur le rapport du Comité de Constitution* (XIII). Der im Titel der zweiten Schrift erwähnte Rapport war zwar von Thouret eingebracht worden, aber dessen Ghostwriter war nach eigener Aussage kein anderer als er selbst.[35]

Sieyes hatte sich seit den siebziger Jahren auf die entscheidende Stunde vorbereitet. So konnte er im Juli 1789 schreiben, er habe Tausende und Abertausende von Kombinationen erwogen, bis er sich auf den vorliegenden Plan festgelegt habe (VIII/13). Der Idealplan von Sieyes sah 81 Departemente vor, unterteilt in 729 Gemeinden (9 x 81) und ungefähr 6500 Kantone (ca. 9 x 729). (VIII/5f; XIII/18f) Unter der Annahme von insgesamt 4,4 Millionen Aktivbürgern umfasste ein Kanton im Durchschnitt gut 600 Wähler. Diese Zahl erschien Sieyes als ideale Grösse für die Aufgabenerfüllung der Primärversammlung, d.h. für die Wahl der Elektoren, die Erstellung der Wählbarkeitslisten, die Abberufung von Gewählten, die Bildung der untersten Milizeinheit, die Einbürgerungsbeschlüsse und die "adunation" (XIII/17f; XIII/24f). *Adunation* ist eine Wortschöpfung von Sieyes und bedeutet den Prozess der Förderung des Gemeinsinns unter Verdrängung von Sonderinteressen.[36] Bei der praktischen Umsetzung des streng geometrischen Plans erachtete er freilich Anpassungen an die Gegebenheiten der Population und der Geographie für unerlässlich (XIII/4). Die von der Nationalversammlung vorgenommenen Justierungen standen also keineswegs im Widerspruch zu Sieyes.

Indessen setzte die Nationalversammlung den Gesamtplan nur unvollständig um. Sieyes hatte den Stufenbau gegenläufig in einer aufsteigenden und einer absteigenden Funktion konzipiert, aufsteigend im Sinne von Wahlen und Kontrollen durch die Primärversammlung auf der untersten Stufe und Repräsentativ-Versammlungen auf den oberen Stufen, absteigend durch die sich verzweigende Dezentralisation der Verwaltung unter der Leitung der ausführenden Gewalt (VIII/14; VIII/23;

XIII/ 45). Der Ausführungsplan der Nationalversammlung realisierte die Repräsentativversammlungen der aufsteigenden Funktion nur lückenhaft. Die andere Abweichung betrifft die grosse Zahl von Gemeinden unterhalb der Kantone. Clermont-Tonnerre machte Sieyes später verantwortlich für die Anarchie der 44'000 "Municipalités". Sieyes wehrte sich heftig gegen die Unterstellung einer solchen Verrücktheit (XXXI). Dabei verschwieg er, dass er in den Frühschriften tatsächlich noch von 40'000 Gemeinden ausgegangen war (II/126f; TE/187).

Davon abgesehen war Sieyes mit dem Ergebnis äusserst zufrieden. Er hielt die Neuorganisation Frankreichs im wesentlichen für sein Werk, lobte sie als das "Glanzstück der französischen Verfassung"; einen besseren Plan habe es niemals gegeben.[37] Mit einem Federstrich war es gelungen, den wild gewachsenen Flickenteppich in überschneidungsfreie, gleichmässige Strukturen umzuwandeln und dies auf einem mittleren Pfad zwischen dem von Sieyes stets abgelehnten Bundesstaat à l'Américaine (XII/10; XII/15) und einem bürgerfernen Zentralismus. Das Cliché von Sieyes als dem grossen Zentralisator ist falsch. Interessanterweise nutzte Sieyes zur Begründung des dezentralisierten Einheitsstaates die gleichen Argumente wie die Anhänger des Föderalismus, nämlich die Machtfülle kraft Grösse und die geringere Korruptionsanfälligkeit kraft Dezentralisation (XIII/11; XIII/46).[38] Schulin bezeichnet die Neugliederung Frankreichs als "die haltbarste praktische Leistung der Revolution"[39], Hafen nennt sie "Sieyes' Meisterstück".[40]

Repräsentation: Titel III der Verfassung über Organisation und Funktion der öffentlichen Gewalten ist mit Abstand der umfangreichste. Gemäss der Definition von Sieyes enthält er die Verfassung im eigentlichen Sinne:

> "Die Verfassung umfasst das innere Gefüge und die innere Organisation der verschiedenen öffentlichen Gewalten, ferner ihr notwendiges Zusammenwirken und ihre wechselseitige Unabhängigkeit, schliesslich die politischen Vorsichtsmassregeln, durch die man die öffentlichen Gewalten klugerweise einhegt, damit sie stets nützlich sind und nie gefährlich werden können. Das ist der wahre Sinn des Wortes Verfassung; sie bezieht sich auf den Verbund (*ensemble*) und die Trennung (*séparation*) der öffentlichen Gewalten." (IX/34)

Die Einleitung zu Titel III der Verfassung nimmt ein weiteres Grundanliegen von Sieyes auf: die Repräsentation. Was ist mit dem Satz in Art. 2 "Die französische Verfassung ist repräsentativ" gemeint?

Er bedeutet erstens im Sinne von Sieyes die Ablehnung der "Demokratie", d.h. die Beschränkung der Rolle der Aktivbürger auf das Wählen, während alle Sachentscheide an ihre gewählten Stellvertreter delegiert sind. Wie schon in den Frühschriften wandte sich Sieyes gegen den "état démocratique", die "démocratie pure" und "presque brute"; von den zwei einzig legitimen Staatsformen, der demokratischen und der repräsentativen, sei letztere die prinzipiell bessere und im Fall eines grossen Gemeinwesens wie Frankreich unvermeidlich; besser sei sie, weil den meisten Aktivbürgern sowohl die Bildung als auch die Musse fehle (XII/14-16; XIII/33-35).

Repräsentativ-Verfassung bedeutet zweitens, dass die gewählten Stellvertreter nicht nur ihren Wahlkreis, sondern die ganze Nation vertreten und dabei ein völlig freies Mandat besitzen (Titel III, Kap. I, Sekt. III, Art. 7). In den Frühschriften war Sieyes noch für ein beschränkt freies Mandat eingetreten. Inzwi-

Allegorie der Verfassung von 1791
Von Pierre-Paul Prud'hon

schen hatte er sich zum absolut freien Mandat bekehrt; ob absolut oder eingeschränkt, ein imperatives Mandat schien ihm nun gleichbedeutend mit der Einführung der "Demokratie" durch die Hintertür (XII/12-19).

Repräsentativ-Verfassung bedeutet drittens, dass die verfassunggebende Gewalt allein den zu diesem Zweck gewählten Stellvertretern anvertraut ist. Die vielzitierte Schlüsselstelle im *Préliminaire* von Sieyes lautet:

> "Aber es ist nicht notwendig, dass die Mitglieder der Gesellschaft die verfassunggebende Gewalt persönlich ausüben; sie können ihr Vertrauen Stellvertretern schenken, die sich allein zu diesem Zweck versammeln, ohne sich zu erlauben, irgendeine der verfassten Gewalten auszuüben." (IX/35f)

Ausdrücklich schliesst Art. 4 von Titel VII die königliche Sanktion der Verfassung aus. Dementsprechend wurde bereits die erste französische Verfassung von 1791, so wie die Erklärung der Menschen- und Bürgerrechte von 1789, dem König lediglich zur Kenntnisnahme, nicht zur Genehmigung überreicht.

Viertens bedeutet Repräsentation im Sinne der Verfassung die letztlich alleinige Legislativgewalt der verfassten gesetzgebenden Körperschaft. Aber die Verfassung räumt dem König zum Leidwesen von Sieyes ein aufschiebendes Gesetzesveto ein; davon später. So mischte sich in die Genugtuung über die Annahme der Sieyes'schen Repräsentationsidee der Wermutstropfen des königlichen Suspensivvetos.

Aktivbürger: Einen weiteren Erfolg konnte Sieyes buchen, insofern seine Unterscheidung von Aktiv- und Passivbürgern (IX/36f) in die Verfassung einging. Die Bedingungen für die Aktivbürgerschaft, d.h. für die Gewährung politischer Teilnahmerechte sind gemäss Verfassung (Titel III, Kap. I, Sekt. II, Art. 2): Französischer Staatsbürger männlichen Geschlechts, vollendetes 25. Altersjahr, fester Wohnsitz von gesetzlich bestimmter Dauer (ein Jahr), Steuerleistung im Gegenwert von mindestens drei Arbeitstagen, Nichtzugehörigkeit zum Stand der Lohndiener (*domesticité*), Eintrag in die Liste der Nationalgarde am Wohnsitz und Bürgereid.

Das entsprach im wesentlichen den Vorschlägen von Sieyes. Insbesondere unterstützte er den Ausschluss der Bettler, Vagabunden und Lohnabhängigen (XIII/20). Als Präsident der Nationalversammlung verteidigte er die Diskriminierung der "domestiques" mit der Begründung, die Arbeitgeber könnten einen zu starken Einfluss auf die Meinungen der Lohnabhängigen ausüben (XXVII). Das von Abbé Grégoire und Robespierre vorgeschlagene allgemeine Männerwahlrecht lehnte er ab.

Allerdings hätte er anstelle eines Zwangsbeitrages einen freiwilligen finanziellen Beitrag als Tatbeweis politischen Interesses bevorzugt (VIII/19f; XIII/21f). Bastid schliesst daraus, Sieyes' Vorstellungen hätten näher bei einem "régime capacitaire", einem "régime eléctoral d'éducation civique" als bei einem "régime censitaire" gelegen; jedenfalls sei eine plutokratische Interpretation verfehlt.[41] Dieser Versuch einer Ehrenrettung aus der Sicht heutiger Wertvorstellungen ist übertrieben. Ob Pflicht- oder freiwilliger Beitrag, die Hürde war in etwa gleich hoch, und die effektive Zahl der Aktivbürger entsprach mit 4,3 Millionen ziemlich genau der Schätzung, die Sieyes unter der Annahme eines freiwilligen Beitrags vorgenommen hatte (XIII/16; XIII/22).[42] Wahlberechtigt waren im Ergebnis etwas über 60 Prozent der Männer. Das waren angeblich weniger als bei der Wahl zu den Generalständen 1789.[43]

Indessen ist Bastid zuzustimmen, wenn man die Zukunftsperspektiven von Sieyes in Betracht zieht. In der Sache Frauenwahlrecht ging Sieyes nämlich im Vergleich zu seinen früheren Stellungnahmen (TE/139; IX/36f) nochmals einen Schritt weiter. Nun sah er einen bizarren Widerspruch in der Tatsache, dass unter den gegebenen Umständen Frauen zwar eine Krone, aber keine politischen Rechte haben dürften; und er bedauerte den Ausschluss der Hälfte der Bevölkerung wegen eines rational nicht nachvollziehbaren Vorurteils (XIII/19f). Darüber hinaus plädierte er ganz allgemein für die schrittweise Ausweitung der Aktivbürger entsprechend dem Fortschritt der Aufklärung (XIII/20-22). Ferner fasste er ins Auge, mit der Zeit zusätzliche Kriterien für die Aktivbürgerschaft einzuführen, nämlich soziale Kenntnisse und Arbeitsfähigkeit (VIII/21).

Den Kritikern des Zensuswahlrechts hielt er entgegen, dass in Frankreich, im Gegensatz zu den Sklaven in der Antike, alle Menschen, auch die Passivbürger, die gleichen Menschenrechte besässen (XIII/20). Die Amerikaphilen in der Nationalversammlung haben hoffentlich mitgehört, dass ihr grosses Vorbild, in eklatantem Widerspruch zur schönen Parole der Unabhängigkeitserklärung "that all men are created equal", den Sklaven und den Ureinwohnern die Menschenrechte verweigerten.

Wählbarkeit: Gewichtiger als beim aktiven Wahlrecht sind die Abweichungen in bezug auf das passive Wahlrecht, also die Wählbarkeit (*éligibilité*). Die Verfassung unterscheidet drei Kategorien von Aktivbürgern: Wähler, Wahlmänner (*électeurs*) und Deputierte der Nationalversammlung. Ursprünglich hatte die Nationalversammlung den Zensus für Wähler auf drei, für Wahlmänner auf zehn und für nationale Abgeordnete auf fünfzig Arbeitstage festgesetzt. Im August 1791 kam sie auf den Entscheid zurück, erhöhte den Zensus für Wahlmänner und strich jenen für nationale Deputierte (Titel III, Kap. I, Sekt. II/Art. 7 und Sekt. III/Art. 3). Im Ergebnis lief diese paradoxe Regelung darauf hinaus, dass das passive Wahlrecht für das Amt des Elektors auf weniger als 50'000 reiche Aktivbürger beschränkt wurde[44], welche die Abgeordneten der Nationalversammlung de iure aus allen Aktivbürgern wählen konnten, aber natürlich de facto dazu neigten, diese aus ihren eigenen Reihen zu rekrutieren. Die Zahl der Wählbaren für das Elektorat und, von Ausnahmen abgesehen, für die Nationalversammlung, schrumpfte so auf ein Prozent aller Aktivbürger.

Sieyes ging von einer breiteren Rekrutierungsbasis aus (VIII/21; XIII/24-33). Er hatte für die Wählbarkeit als Elektor und als nationaler Deputierter den gleichen, relativ niedrigen freiwilligen Beitrag im Gegenwert von etwa zehn Arbeitstagen vorgeschlagen. Zusätzlich wollte er, dass die Urwähler jeder Primärversammlung aus dem Kreis derjenigen, die den genannten finanziellen Beitrag geleistet hatten, mit absolutem Mehr eine Liste der Wählbaren zusammenstellten (*inscription*). Wählbar wäre nur gewesen, wer den freiwilligen Tribut entrichtet, danach mittels Wahl durch alle Aktivbürger auf die Liste der Wählbaren gesetzt und nach Ablauf eines Jahres nicht wieder mit Zweidrittelmehrheit aus der Liste gestrichen worden wäre (*radiation*).

Ferner sollten die Wahlmänner bzw. die Abgeordneten der Repräsentativ-Versammlungen bis zur Stufe der Departemente mit Zweidrittelmehrheit abgewählt werden können (*révocation*) und zwar auf der untersten Ebene durch die entsprechende Primärversammlung, auf den beiden höheren Ebenen durch alle Primärversammlungen der entsprechenden Stufe. Einzig für die nationalen Deputierten schloss Sieyes die Abwahl aus; sie schien ihm aufgrund der kurzen Amtszeit und des Unterbruchs der Wählbarkeit nach Ablauf der Amtszeit nicht notwendig.

Sieyes verglich sein Konzept der Radiation und der Revokation mit dem antiken Oistrakismus. Im Gegensatz zur Antike sei sein Vorschlag milder, ja überhaupt die mildeste, jemals erfundene Form des Oistrakismus, insofern die Abgewählten weder die Menschenrechte noch die politischen Rechte des Aktivbürgers verlören, nicht verbannt würden und durch Wohnsitzwechsel das Wahlglück andernorts suchen könnten.

Insgesamt ist die Regelung des passiven Wahlrechts gemäss Verfassung in mehrfacher Hinsicht plutokratischer als das Vorschlagspaket von Sieyes: höherer Zensus für die Wählbarkeit zum Elektor, keine Liste der Wählbaren, faktisch schmalere Rekrutierungsbasis für die Nationalversammlung, keine Radiation, keine Revokation. Sieyes verlangte von jenen

Aktivbürgern, die sich zur Wahl stellten oder gewählt worden waren, grössere Anstrengungen, das Vertrauen der Wähler zu gewinnen bzw. zu bewahren: "Le ministère de la confiance est une propriété du Peuple." (XIII/31) Er hoffte, dass seine Vorschläge später eine Chance hätten (XIII/33).

Dennoch mutete er dem gewöhnlichen Aktivbürger weniger zu als Montesquieu. Zwar hielt auch sein berühmter Vorfahre das Wahlvolk für Sachentscheide ungeeignet. Aber er traute den Aktivbürgern immerhin die Direktwahl der Repräsentanten zu[45], während Sieyes meinte, das "kleine Volk" der gewöhnlichen Aktivbürger sei lediglich für die Wahl der Wählbaren und der Elektoren gut genug (XIII/17).

Gesetzgebende Gewalt (Titel III, Kap. III, Sekt. I und III): Bezüglich Organisation und Funktionen der gesetzgebenden Gewalt entspricht die Verfassung überwiegend den Intentionen von Sieyes. Das Parlament als Träger der gesetzgebenden Gewalt tagt permanent (XII/30). Der König hat nicht das Recht, sie aufzulösen. Sie besteht aus einer Kammer; ein Zweikammersystem wurde nach heissen Debatten sowohl nach amerikanischem als auch nach englischem Muster abgelehnt (XXVIII/6-12). Der Repräsentationsschlüssel setzt sich aus den drei Elementen Gebiet, Bevölkerung und Steuerkraft zusammen (VIII/11; XIII/38-43). Die Wahl der Mitglieder der Nationalversammlung erfolgt auf Departementsstufe durch die von den Primärversammlungen gewählten Elektoren. Das Parlamentsmandat ist mit einem Minister-, Beamten- oder Richteramt unvereinbar. Hauptfunktionen des Parlaments sind die Gesetzgebung sowie die Grundentscheide der Finanz-, Sicherheits- und Aussenpolitik.

In zwei Streitfragen vermochte sich Sieyes nicht durchzusetzen. Statt der dreijährigen Amtsdauer mit jährlicher Drittelserneuerung und dem Unterbruch der Wählbarkeit nach Ablauf der Amtszeit (VIII/18; XII/32) beschloss die Nationalversammlung eine zweijährige Amtsperiode mit einmaliger Wiederwahlmöglichkeit. Gravierender aber war der Entscheid zugunsten des königlichen Gesetzesvetos.

Königliches Veto: Am 7. September 1789 hielt Sieyes in der Nationalversammlung eine seiner wichtigsten Reden, die er sogleich unter dem Titel *Dire de l'abbé Sieyes sur la question du veto royal* publizierte (XII). Darin stellte er die Ablehnung des königlichen Vetos in den Gesamtrahmen seiner Verfassungstheorie mit den Eckpfeilern Repräsentation, dezentralisierter Einheitsstaat und Gewaltentrennung. Sieyes verwarf das Veto des Königs in jeder denkbaren Form, das Verfassungsveto ebenso wie das Gesetzesveto, das definitive ebenso wie das suspensive (XII/20f). Denn das Gesetz sei Ausdruck des Willens der Regierten (*gouvernés*); wenn sich die Regierenden (*gouvernans*) ganz oder teilweise der Gesetzgebung bemächtigten, würden sie sich mehr oder weniger dem Despotismus nähern; in der Rangfolge der verfassten Gewalten sei die gesetzgebende der ausführenden übergeordnet (XII/4).

Der König sei zwar als Erster Bürger das Oberhaupt und der Repräsentant der Nation sowie Wächter (*surveillant*) und Treuhänder (*dépositaire*) der Exekutivgewalt (XII/4-7). Aufgrund dieser Eigenschaften dürfe der König zu einem Gesetz raten (*conseiller*), aber er dürfe es weder machen (*faire*) noch verhindern (*empêcher*). (XII/8) Warum? Weil zwischen der Gestaltung und der Verhinderung von Gesetzen letztlich kein Unterschied bestehe, insofern die Exekutivmacht durch willfährige Abgeordnete vor dem Hintergrund des drohenden oder angewandten Vetos antizipativ auf die Gestaltung der Gesetze Einfluss nehmen könne (XII/8f); weil nur die Mehrheit ein Vetorecht besitze, niemals eine Minderheit oder ein einzelner (XII/9); weil die Gefahr des Machtmissbrauchs und der Irrtumsanfälligkeit eher von seiten der ausführenden als der gesetzgebenden Gewalt drohe (XII/22; XII/ 25). Wie bei einer Maschine müsse man dafür Sorge tragen, dass der Gesetzgebungsmechanismus nicht durch einen aussenstehenden Regulator gebremst oder gar durch ein fremdes Räderwerk willkürlich blockiert werden könne (XII/ 29f).

Gegen allfällige Machtübergriffe und Irrtümer der gesetzgebenden Körperschaft genügten Vorsichtsmassnahmen wie die Trennung von verfassung- und gesetzgebender Gewalt, die Aufteilung des Einkammerparlaments in mehrere Ausschüsse, die den gleichen Gegenstand getrennt beraten und faktisch ein aufschiebendes Veto besitzen, jedoch letztlich immer gemeinsam nach Köpfen entscheiden; ferner die Rotation und die Korrekturmöglichkeit der nachfolgenden, völlig neu zusammengesetzten Legislative (XII/23; XII/27f; XII/30f).

Die Beschlüsse der Nationalversammlung kamen den Vorstellungen von Sieyes weitgehend entgegen: weder absolutes noch aufschiebendes Verfassungsveto des Königs (Titel VII), kein absolutes Gesetzesveto des Königs im Gegensatz zu Montesquieu[46], kein aufschiebendes Veto des Königs gegen interne Reglemente und Steuergesetze der Nationalversammlung (Titel III, Kap. III, Sekt. III, Art. 7 und 8), kein Verfassungs- oder Gesetzesinitiativrecht des Königs, sondern lediglich dessen Befugnis, der gesetzgebenden Körperschaft unverbindlich Beratungsgegenstände vorzuschlagen (Titel III, Kap. III, Sekt. IV, Art. 1). Gegen die Opposition von Sieyes entschied sich die Nationalversammlung hingegen nach dem Muster der amerikanischen Verfassung für ein aufschiebendes Gesetzesveto unter der Bedingung, dass der König innert zwei Monaten nach Verabschiedung des Gesetzes davon Gebrauch macht; es tritt frühestens nach drei Jahren ausser Kraft, sofern das Gesetz in drei aufeinanderfolgenden Legislaturperioden beschlossen wird (Titel III, Kap. III, Sekt. III).

Ausführende Gewalt (Titel III, Kap. II und Kap. IV): Die Verfassung hält an der Erbmonarchie fest. Die Person des Königs ist "unverletzlich und heilig", aber sie ist an Verfassung und Gesetz gebunden. Bei Amtsantritt hat der König vor der gesetzgebenden Körperschaft einen Eid auf die Verfassung zu leisten. Dementsprechend unterzog sich Ludwig XVI. nach der Inkraftsetzung der Verfassung im September 1791 dem Königseid. Formell kann der König nicht abgesetzt werden; aber wenn er sich nicht an die Verfassung hält, wird von Gesetzes wegen angenommen, dass er abgedankt hat.

Die Regierung besteht aus dem König und den Ministern. Der König ernennt und entlässt die Minister. Eine königliche Anordnung wird erst durch die ministerielle Gegenzeichnung rechtskräftig. Die Minister sind gegenüber der Nationalversammlung verantwortlich und rechenschaftspflichtig, auch im Fall königlicher Anordnungen. Die gesetzgebende Körperschaft kann gegen Minister vor dem nationalen Hochgericht Anklage erheben (Titel III, Kap. V, Art. 23).

Der König eröffnet alljährlich die Sitzungsperiode des Parlaments und kann bei diesem Anlass unverbindlich anregen, bestimmte Beratungsgegenstände in Erwägung zu ziehen. Die Nationalversammlung berät nicht in Gegenwart des Königs, wohl aber der Minister; diese haben in ihr - freilich ohne Stimmrecht - einen Sitz und das Recht, angehört zu werden (Titel III, Kap. III, Sekt. IV).

Die oberste vollziehende Gewalt ist dem König anvertraut. Er sorgt für die Aufrechterhaltung von Ruhe und Ordnung, wacht über die äussere Sicherheit, ist Oberkommandierender der Streitkräfte, führt die Aussenpolitik, ernennt die Botschafter, die Chefs von Armee und Marine sowie die Beamten der Zentralverwaltung, verkündet die Gesetze und lässt sie ausführen. Die Beamten der dezentralisierten Verwaltung unterstehen ebenfalls dem König, werden aber "vom Volk" gewählt.

Sieyes hatte sich in seinen bisherigen Schriften nicht so konkret mit der Exekutivgewalt befasst. Aber es gibt keine Widersprüche zwischen seinem Grobkonzept und den präziseren Regelungen der Verfassung. In den wesentlichen Punkten besteht Übereinstimmung: Erbmonarchie (XXX/4f), Heiligkeit und Unverletzlichkeit der Person des Königs[47], Funktion des Königs als Leiter der ausführenden Gewalt (XII/4; XII/7), Unterordnung des Königs unter Verfassung und Gesetz, zweistufige Regierung (XIII/36f), Ernennung der Minister durch den König (VIII/25; XIII/36), Verantwortlichkeit und Rechenschaftspflicht der Minister gegenüber dem Parlament (VIII/25; XIII/36).

Sieyes unterschied zwei Formen der monarchischen Exekutive, die einstufige ohne Minister und die zweistufige mit Ministern (XIII/36f). Für ein grosses Land wie Frankreich kam aus seiner Sicht nur die zweistufige in Betracht. Die Minister sind gleichsam die Finger an der Hand des Königs. Sie bilden kein Kollegialorgan, sondern führen die Ministerien unabhängig voneinander, sind aber abhängig vom König und kontrolliert vom Parlament.[48]

Rechtsprechende Gewalt: Godechot meint, die Vorstellung eines "pouvoir judiciaire" entspreche dem Geist Montesquieus, keineswegs aber jenem der Verfassungsväter von 1791.[49] Diese Beurteilung ist nicht nachvollziehbar. Die Verfassung geht ganz klar von einer dritten Gewalt aus, widmet ihr ein eigenes Kapitel (Titel III, Kap. V) und trennt sie sowohl personell als auch funktionell von den beiden anderen Gewalten. Ausdrücklich hält die Verfassung fest, dass die richterliche Gewalt in keinem Fall von der gesetzgebenden Körperschaft oder vom König ausgeübt werden (Art. 1), und dass umgekehrt die Gerichte sich nicht in die Gesetzgebung oder in den Gesetzesvollzug einmischen dürfen (Art. 3).

Zwei volle Jahre lang befasste sich die Nationalversammlung in einem mühsamen Prozess mit der Gestaltung der Judikative. Sieyes engagierte sich dabei sehr stark auf der Grundlage seines *Aperçu d'une nouvelle organisation de la Justice et de la Police en France* (XVII). Diese Skizze ist äusserst kompliziert. Man kann gut verstehen, dass selbst juristisch gebildete Deputierte damit grosse Mühe hatten. Anderseits lassen sich aus dem Verfassungstext allein, ohne die dazugehörigen Gesetze, die Konturen der rechtsprechenden Gewalt nur sehr verstümmelt erkennen. Das kritische Motto, das Sieyes seinem *Aperçu* voranstellte, trifft durchaus auch auf das Justizkapitel der Verfassung zu: Ein paar Ideen machen noch keinen Plan.

Das Justizsystem gehört zu jenen Bereichen der Verfassung, in denen Sieyes die grössten Niederlagen hinnehmen musste. Hier sassen Thouret und Duport am stärkeren Hebel. Nicht durchzusetzen vermochte Sieyes insbesondere die vier folgenden Postulate, die alle mit der Konzeption des Geschworenengerichts (*Jury*) zu tun haben[50]: Erstens wollte er Geschworenengerichte sowohl für das Strafrecht als auch für das Zivilrecht einführen (XVII/28); letzteres lehnte die Nationalversammlung ab. Zweitens hielt Sieyes Laien-Geschworene für verfrüht, solange es noch kein Strafgesetzbuch und kein Zivilgesetzbuch gebe; deshalb plädierte er dafür, die Geschworenenbänke, von Ausnahmen abgesehen, vorerst mit "Gens de Loi" zu besetzen (XVII/29); die Nationalversammlung entschied sich für Laienrichter. Drittens verlangte Sieyes zusätzlich, im konkreten Fall jeweils aus der Liste der Geschworenen "pairs" auszuwählen, d.h. Personen, die aufgrund ihrer Lebens- und Berufserfahrung sowie ihrer gesellschaftlichen Stellung in der Prozesssache kundig wären (XVII/33f); auch dies wurde abgelehnt. Schliesslich unterteilte Sieyes die Geschworenengerichte völlig ungewohnt in einen beratenden "Conseil d'instruction" und einen urteilenden "Conseil de décision" (XVII/38)[51]; die Nationalversammlung hielt sich indessen an die angelsächsische Unterscheidung nach Tatsachen- und Rechtsfragen.

Dennoch herrscht zwischen dem Plan von Sieyes und der Verfassung in wesentlichen Punkten Übereinstimmung: eigenständige richterliche Gewalt, einheitliches Gerichtssystem ohne Ausnahmegerichte, durchgängige Berufungsmöglichkeit, Schutz vor willkürlicher Verhaftung, ausgebaute Rechte der Angeklagten, "Volkswahl" der Richter. Mit der Verfassung von 1791 wurde das Justizwesen auf eine völlig neue Grundlage gestellt.

Bewaffnete Macht: Dass Gesellschaft und Staat bewaffnete Kräfte benötigen, um die Menschenrechte gegen innere und äussere Gefahren zu schützen, gehört zu den Grundüberzeugungen von Sieyes. Seit seiner Studienzeit hatte er sich immer wieder mit der Zwangsgewalt (*force coercitive*) befasst. Die edierten Schriften enthalten im Vergleich zum handschriftlichen Nachlass nur den kleineren Teil der militärischen Überlegungen des Abbé.[52]

Wie nicht anders erwartet werden kann, forderte Sieyes die Unterordnung der bewaffneten Kräfte unter Verfassung und Gesetz. Schon eher überraschend ist die Verknüpfung der traditionellen "republikanischen" Idee der Milizarmee und der modernen "liberalen" Idee der Berufsarmee.[53] Einmal mehr zeigt sich, wie Sieyes die zeitgenössische internationale Debatte mit wachem Geist umsichtig zur Kenntnis nahm. Während Rousseau die Milizarmee als Kennzeichen jedes freiheitlichen Staates verteidigte[54] und Adam Smith als Konsequenz der neuen Kriegstechnik und der Arbeitsteilung die Berufsarmee empfahl[55], befürwortete Alexander Hamilton die Einführung einer kleinen Berufstruppe neben der allgemeinen Bürgermiliz.[56] Die republikanisch-liberale Synthese kommt in der Dreiteilung der bewaffneten Kräfte zum Ausdruck, nämlich der "garde nationale", der "force intérieure" und der "armée" (VIII/27-29).

Die Armee, bestehend aus Land- und Seestreitkräften, ist eine Berufsarmee, steht unter dem Oberbefehl des Königs und soll sich ausschliesslich gegen äussere Bedrohungen richten; niemals darf sie gegen die eigenen Bürger eingesetzt werden (IX/31; IX/45). Die "force intérieure" ist eine dem Justizministerium zugeordnete Polizeitruppe.

Die Nationalgarde ist demgegenüber eine Bürgermiliz. Jeder Aktivbürger ist im Rahmen der Nationalgarde vom 15. bis zum 55. Lebensjahr dienstpflichtig, hat sonntags zu militärischen Übungen anzutreten (XIII/9), muss sich die persönliche Ausrüstung selbst beschaffen, hält die Waffen zuhause bereit und verliert nach mehrmaligem Versäumnis der Übungspflicht die politischen Rechte. Aktivbürger und Soldat verschmelzen zum *citoyen-soldat* (IX/31). Die Bürgerwehr dient nicht nur der Förderung der Wehrtüchtigkeit, sondern ebenso der sozialen Integration und Erziehung. Sie ist eine Schule der Nation. Die Nationalgarde, die unmittelbar vor dem Sturm auf die Bastille aufgestellt wurde, war eine Idee von Sieyes, wie u.a. Talleyrand bestätigte.[57] Später, als Botschafter in Berlin, wurde Sieyes einmal gefragt, ob seine Exzellenz zu einem Empfang in militärischer oder ziviler Kleidung aufzutreten wünsche, worauf er antwortete, in Frankreich gebe es nur Bürger und jeder Bürger sei auch Soldat.[58]

Die Verfassung übernimmt im Titel IV die Dreiteilung der bewaffneten Kräfte (Art. 2) und den Vorrang der Politik gegenüber dem Militär (Art. 12). Abweichend von Sieyes dürfen die Aussentruppen in gesetzlich umschriebenem Rahmen auch im Landesinneren eingesetzt werden (Art. 8 und 10). Und abweichend von Sieyes ist der König befugt, bei grösseren inneren Unruhen, die keinen Aufschub ertragen, bewaffnete Kräfte einzusetzen; er muss allerdings ohne Verzug die gesetzgebende Körperschaft benachrichtigen und, wenn sie nicht versammelt ist, einberufen (Art. 11). Im Titel VI proklamiert die Verfassung den Verzicht auf Eroberungskriege und verspricht feierlich, die Streitkräfte niemals gegen die Freiheit eines anderen Volkes zu verwenden.

Verfassungsrevision: Ein Schlüsselelement der politischen Theorie von Sieyes ist die Revision der Verfassung. Das Volk besitzt das unveräusserliche Recht, die Verfassung zu überprüfen und zu erneuern (IX/51; X/10). Die verfassunggebende Gewalt steht ausschliesslich einer zu diesem Zweck indirekt gewählten Versammlung zu, ohne Initiativ- oder Referendumsrecht der Aktivbürgerschaft und ohne Sanktionsrecht des Königs; *pouvoir constituant* und *pouvoirs constitués* sind getrennt (IX/35f).

Titel VII der Verfassung übernimmt diese Konzeption. Allerdings scheint sie, wenn man den Wortlaut der Verfassung ernst nimmt, eine Totalrevision auszuschliessen und bindet die verfassunggebende Versammlung an jene Beratungsgegenstände, welche ihr von drei aufeinanderfolgenden Legislaturen übereinstimmend vorgegeben worden sind (Art. 7); der gesetzgebenden Körperschaft steht also das ausschliessliche Initiativrecht zur Partialrevision in Form der allgemeinen Anregung zu. Anderseits geht die Verfassung in bezug auf die zeitliche Einschränkung nicht so weit wie Sieyes, der in einer Version des *Préliminaire* die Revision jeweils nur im Abstand von 33 Jahren zulassen wollte (IX/51). Die Verfassung erlaubt die Partialrevision erstmals frühestens nach neun Jahren (Art. 3), danach jeweils frühestens nach drei Jahren ab dem Erstbeschluss einer Legislatur (Art. 2).

Monarchische Republik: Wie lässt sich das Gesamtsystem der Verfassung von 1791 bzw. der Verfassungstheorie von Sieyes umschreiben? Dazu ist eine Kontroverse zwischen Sieyes und Paine im *Moniteur* vom Juli 1791 erhellend (XXIXf). Sieyes war in den damaligen Turbulenzen nach Varennes zwischen die Fronten konterrevolutionärer Monarchisten und antimonarchischer Republikaner geraten. Er fühlte sich einmal mehr missverstanden und verleumdet. So wie der erste Artikel von Sieyes abgefasst ist, kann man sich des Eindrucks nicht erwehren, dass das Ganze abgekartet war. Denn die beiden Kontrahenten kannten sich persönlich zu gut, als dass sie ihre abweichenden Standpunkte durch Zeitungsartikel mitteilen mussten. Zudem hinterlässt der Eröffnungsartikel einen eklatanten Erklärungsbedarf, weil Sieyes darin den "état monarchique" pauschal über die Republik stellte. Er gewährleiste den Bürgern grössere Freiheit als die Republik. Während sich Sieyes von den extremen Monarchisten ohne Bedauern abgrenzte, bekannte er für etwelche Republikaner, trotz unterschiedlicher Meinungen, seine Sympathie. Es scheint wirklich so arrangiert, dass einer seiner engsten republikanischen Freunde, Condorcet oder Paine, antworten musste.

Die Replik von Paine liess nicht auf sich warten. Thomas Paine war damals in aller Munde. Eben hatte der vormalige Propagandist der Amerikanischen Revolution im Buch

Rights of Man die Französische Revolution gegen Edmund Burke in Schutz genommen. Paine zollte Sieyes seinen Respekt, vertrat aber eine radikale Gegenposition. Vorbehaltlos rühmte er die Republik und erklärte der Nichtigkeit, ja der Hölle der Monarchie den Krieg. Unter Republik verstand er Repräsentation plus Menschenrechte. Die amerikanische und die französische Menschenrechte-Erklärung hielt er immerhin für gleichwertig.

Sieyes begann seine ausführliche Duplik mit einer Hommage auf Paine. Dann relativierte er die Kontroverse teilweise als einen Streit um Worte. Die Politik sei eben eine noch junge Wissenschaft (!) ohne kanonisierte Begriffssprache. Vor allem sollte man Repräsentation und Republik nicht miteinander verwechseln; wahrscheinlich dachte er dabei an Madison.[59] Wie Bodin[60] und Rousseau[61] unterschied Sieyes zwischen Staats- und Regierungsformen. Die Staatsform sei entweder repräsentativ oder despotisch, die Regierungsform, d.h. die Exekutive, entweder monarchisch oder republikanisch bzw. polyarchisch. Sieyes plädierte für die repräsentative Staatsform in Verbindung mit der monarchischen Regierungsform. Die erste sei allein legitim, die zweite besser. Denn die von einem einzelnen statt von mehreren geführte Regierung gewährleiste die "unité d'action". Im Rahmen der monokratischen Regierung unterstützte er die doppelstufige Regierungsform mit vom König ernannten und dem Parlament verantwortlichen Ministern. Gegenüber der Erbmonarchie bevorzugte Sieyes prinzipiell die Wahlmonarchie, gab ihr aber unter den gegenwärtigen Umständen keine Chance.

Sieht man von den terminologischen Differenzen ab, schält sich in der Sache der folgende Dissens heraus: Sieyes verteidigte das in den letzten zwei Jahren erarbeitete Verfassungswerk, Paine verwarf darin mindestens das monarchische Element. Beide sind für die Repräsentation. Sieyes hielt deren französische Version zwar nicht für vollkommen, aber für die beste jemals entwickelte, und damit unausgesprochen für besser als die amerikanische. Im Gegensatz zu Paine unterstützte Sieyes vorläufig die erbmonarchische Regierungsform. Schliesslich wünschte er sich, was zu verwirklichen nicht schwer sei, eine der amerikanischen überlegene Menschenrechtekonzeption.

Obwohl kein Geringerer als Kant den Begriff der Republik ebenfalls für eine besondere Regierungsform reservieren wird, liegt diese Semantik neben der ideengeschichtlichen Hauptschiene. Seit Ptolemaeus von Lucca hatte sich der Terminus "Republik" vorwiegend als Gegenbegriff zur Alleinherrschaft durchgesetzt, von Machiavelli und Giannotti über Harrington bis zu Montesquieu, eventuell zusätzlich, wie beispielsweise bei Madison, in Abgrenzung zur (direkten) Demokratie.

Im Sinne des ideengeschichtlichen Hauptstroms hatte Robespierre drei Tage vor dem Doppelartikel von Paine und Sieyes erklärt:

> "Was ist eigentlich die französische Verfassung? Sie ist eine Republik mit einem Monarchen. Sie ist weder monarchisch noch republikanisch; sie ist beides."[62]

Dem ist beizufügen, dass in dieser Mischform das republikanische Element stärker war als das monarchische. Denn die verfassunggebende, die gesetzgebende und die richterliche Gewalt sind - mit Ausnahme des aufschiebenden Gesetzesvetos des Königs - nichtmonarchisch. Zudem sind die verfassunggebende und die gesetzgebende Gewalt der monarchischen Exekutive übergeordnet. Die Klassifikation "konstitutionelle Monarchie"[63] ist irreführend, weil sie das Übergewicht des monarchischen Elements suggeriert. Das gilt in einer Nuance auch für die Bezeichnung "monarchie républicaine"[64], jedenfalls dann, wenn das Substantiv wichtiger erscheint als das Adjektiv. Deshalb ist die Formel "monarchische Republik" vorzuziehen.

Vater der Verfassung: In einer zeitgenössischen Satire wurde der Einfluss von Sieyes auf die Verfassung von 1791 so verspottet: "Tiefgründiger Metaphysiker, ausgestattet mit allen Mitteln, um in der neuen politischen Ordnung Frankreichs die Hauptrolle zu spielen, war Abbé Sieyes in der Nationalversammlung beinahe ohne Nutzen."[65]

Das ist barer Unsinn. Man muss freilich die Verfassung von 1791 genau analysieren und genau mit den Schriften von Sieyes vergleichen, um seine Wirkung angemessen würdigen zu können. Zwar musste er sich vor allem in bezug auf die Stellung der Kirche, die Wählbarkeitskriterien, das aufschiebende Gesetzesveto des Königs und die Konzeption der Geschworenengerichte geschlagen geben. Legt man aber die im wesentlichen übereinstimmenden Gewichtssteine auf die andere Waagschale, so neigt sie sich tief nach unten: Abschaffung der Ständeordnung, Menschenrechte, neue Staatsaufgaben, vertikaler Staatsaufbau, Repräsentation, Passiv- und Aktivbürger, Prinzip und Durchführung der Gewaltenteilung, bewaffnete Macht, Verfassungsrevision, monarchische Republik. Gewiss haben andere mit Sieyes am gleichen Strick gezogen, hätte er es, anders als im Juni 1789, im Alleingang nicht geschafft. Aber niemand hat durch Schriften, Reden und Gespräche vor und hinter den Kulissen einen auch nur entfernt vergleichbaren Einfluss ausgeübt. Sieyes verdient mit vollem Recht den Titel "Vater der Verfassung von 1791". Das sollte sich bei den nächstfolgenden Verfassungen ändern.

Vergleich der Verfassung von 1791 mit der Verfassungstheorie von Sieyes 1788-1791

VERFASSUNG VON 1791	SIEYES 1788-91
Abschaffung der Ständeordnung	+
Menschenrechte	
Erweiterung des Menschenrechtekatalogs von 1789	+
Kultusfreiheit dissidenter Katholiken	+
Vorbehalt der öffentlichen Sicherheit	–
Kirche	
Abschaffung des kirchlichen Zehnten	–
Nationalisierung der Kirchengüter	–
Finanzierung der Nationalkirche durch den Staat	+
Zweckbindung des Erlöses aus dem Verkauf der Kirchengüter für Bildung und Soziales	–
Wahl der Bischöfe und Pfarrer durch Aktivbürger	+
Besondere Staatsaufgaben	
Bildungspolitik	+
Sozialpolitik	+
Vertikaler Staatsaufbau	
Dezentralisierter Einheitsstaat	+
Dreistufige Dezentralisierung	+
Lücken der Repräsentation im Stufenbau	–
44'000 Primärversammlungen und Gemeinden	–

Repräsentation	
Ablehnung direktdemokratischer Elemente	+
Vertretung der ganzen Nation, nicht nur des Wahlkreises	+
Freies Mandat	+
Repräsentative verfassunggebende Gewalt	+
Passiv- und Aktivbürger	
Passivbürger mit Menschenrechten, aber ohne politische Rechte	+
Aktivbürger mit Menschenrechten und politischen Rechten	+
Ausschluss der Frauen von den politischen Rechten	+
Zensuswahlrecht	+
Zwangszensus	–
Wählbarkeit	
Keine Liste der Wählbaren	–
Extrem hoher Zensus für Wahlmänner	–
Faktisch extrem schmale Rekrutierungsbasis für die Wahl in die Nationalversammlung	–
Kein Oistrakismus	–
Gesetzgebende Gewalt	
Permanenz	+
Kein Auflösungsrecht des Königs	+
Einkammerparlament	+
Dreifacher Repräsentationsschlüssel	+
Indirekte Wahl auf Departementsstufe	+
Unvereinbarkeit mit Exekutiv- und Richteramt	+
Zwei- statt dreijährige Amtsdauer	–
Keine Drittelserneuerung	–
Einmalige Wiederwahlmöglichkeit	–
Bindung an Verfassung	+

Gesetzgebende Gewalt (Fortsetzung)	
Funktionen	+
Kein verbindliches Initiativrecht der Exekutive	+
Königliches Veto	
Kein Verfassungsveto	+
Kein absolutes Gesetzesveto	+
Aufschiebendes Gesetzesveto	–
Ausführende Gewalt	
Leitung durch Erbmonarch	+
Bindung an Verfassung und Gesetze	+
Heiligkeit und Unverletzlichkeit des Königs	+
Zweistufige Regierung	+
Ernennung und Entlassung der Minister durch den König	+
Verantwortlichkeit und Rechenschaftspflicht der Minister gegenüber der Nationalversammlung	+
Funktionen	+
Rechtsprechende Gewalt	
Eigenständige rechtsprechende Gewalt	+
Einheitliches Gerichtssystem	+
Durchgängige Berufungsmöglichkeit	+
Schutz vor willkürlicher Verhaftung	+
Ausgebaute Rechte der Angeklagten	+
"Volkswahl" der Richter	+
Geschworenengerichte im Bereich Strafrecht	+
Keine Geschworenengerichte im Bereich Zivilrecht	–
Laien-Geschworene	–
Keine Pairs-Geschworene	–
Trennung von Tatsachen- und Rechtsfragen	–

Bewaffnete Macht	
Primat der Politik	+
Dreigliederung	+
Berufs- und Milizarmee	+
Nationalgarde (Milizarmee)	+
Berufsarmee unter dem Oberkommando des Königs	+
Einsatz der Berufsarmee ausnahmsweise auch im Landesinnern	–
Verfassungsrevision	
Recht des Volkes auf Revision der Verfassung	+
Trennung von verfassung- und gesetzgebender Gewalt	+
Indirekte Wahl der verfassunggebenden Versammlung	+
Ausschliessliches Initiativrecht der Nationalversammlung für Partialrevision	–
Zeitliche Restriktionen	+
Kein königliches Sanktionsrecht	+
Monarchische Republik	
Republikanische (repräsentative) Staatsform	+
Erbmonarchische Regierungsform	+
Republikanische Elemente stärker als Monarchie	+

Legende:

\+ im Sinne von Sieyes

– nicht im Sinne von Sieyes

Legislative ohne Sieyes: Am 3. September 1791 verabschiedete die Nationalversammlung die republikanisch-monarchische Verfassung. Am 14. September leistete der König den Eid auf die Verfassung. Mit der Eröffnungssitzung der neu gewählten Legislative trat sie am 1. Oktober in Funktion. Sieyes gehörte der Legislative nicht an; denn auf Vorschlag von Robespierre waren die ehemaligen Abgeordneten der Nationalversammlung nicht wählbar. Damit schied Sieyes vorübergehend aus der aktiven Politik aus. Er zog sich aufs Land nach Auteuil zurück.

Die Wahl der Legislative erfolgte nach den Regeln der neuen Verfassung, d.h. indirekt aufgrund eines niederen Zensus für die Wähler und eines hohen Zensus für die Wahlmänner. Erwartungsgemäss setzte sich die Legislative überwiegend aus Angehörigen des bevorrechteten Bürgertums zusammen. Im Vergleich zur Nationalversammlung bedeutete dies einen Linksrutsch. Die neue Rechte bildeten die *Feuillants*, die Linke die Jakobiner, während in der Mitte die sog. Unabhängigen Platz nahmen.

Zu Beginn der Legislaturperiode war die Stellung des Königs unbestritten, auch von Seiten der Jakobiner. Die Revolution schien abgeschlossen. Der Verfassungskonsens währte indessen nicht lange. Durch die Suspendierung des Königs wurde die Verfassung bereits nach zehn Monaten ausser Kraft gesetzt. Dieser Umschwung hatte aussen- und innenpolitische Gründe.

Aussenpolitisch beherrschte der Krieg die Szene. Frankreich erklärte Österreich-Ungarn den Krieg. König und Parlament waren sich darin einig, aber aus gänzlich verschiedenen Motiven. Ludwig XVI. wollte den Krieg, um die Revolution zu schwächen; die Legislative hingegen wollte ihn zur Stärkung der Revolution. Die Kriegsbegeisterung unter den Abgeordneten war gross. Brissot proklamierte den Kreuzzug für die Freiheit. Nur eine verschwindend kleine Minderheit um Robespierre war gegen den Krieg. Selbst der friedliche Condorcet stimmte dafür.

Wie so oft in der Geschichte, verkalkulierten sich beide Kriegsparteien gründlich. Sie rechneten nämlich mit einem begrenzten und kurzen Krieg. Tatsächlich entwickelte sich daraus ein 23 Jahre dauernder Flächenbrand.

Frankreich war für den Krieg schlecht gerüstet. Fähige Offiziere emigrierten und Freiwillige meldeten sich in zu geringer Zahl. Wider Erwarten schloss sich Preussen Österreich an, erklärte sich England neutral, verweigerten die USA die Unterstützung, blieb Frankreich auf sich allein gestellt. Der französische Feldzug nach Belgien scheiterte. Verdun fiel. Die preussisch-österreichischen Truppen rückten Richtung Paris vor.

Innenpolitisch reizte Ludwig die Legislative durch Vetos gegen die repressiven Emigranten- und Priesterdekrete sowie die Entlassung von brissotistischen Ministern. Am 20. Juni 1792, dem Jahrtag des Ballhausschwurs und des Fluchtversuchs der Königsfamilie, marschierte eine aufgebrachte Menge zu den Tuilerien. Sie trug Menschenrechte-Plakate vor sich her und skandierte "Nieder mit Monsieur und Madame Veto". Während die Schweizer Garde Gewehr bei Fuss stand, durchbrach die Menge die Schranken zum Palast und drang zum Kabinett des Königs vor. Ludwig verhielt sich "so schlau wie sonst nie"[66], setzte die Freiheitskokarde auf, trank auf das Wohl des Volkes, liess das stundenlange Defilee der johlenden Manifestanten durch seine Gemächer über sich ergehen und ... versprach gar nichts; gedemütigt war er einmal mehr.

Angesichts der Versorgungskrise gärte es nicht nur in Paris. Von Marseille setzte sich ein Protestzug Richtung Paris in Bewegung, das Kriegslied der Rheinarmee singend, das unter dem Namen "Marseillaise" alsbald landesweit als Revolutionslied bekannt und später zur Nationalhymne wurde, die bis heute zelebriert wird: "Allons enfants de la patrie..." Robespierre und Condorcet forderten öffentlich die Abdankung des Königs.

Unterstützt von den Marseillern, wollten sich die Pariser Aufständischen von "Louis Capet" kein zweites Mal leer laufen lassen. Bewaffnet stürmten sie am 10. August 1792 die Tuilerien, massakrierten die Schweizer Gardisten, schändeten die Leichen.

Das Königspaar suchte Schutz im Parlament. Dieses aber suspendierte am folgenden Tag den König, beschloss die Wahl einer verfassunggebenden Versammlung und ernannte für die Zeit des Interregnums eine provisorische Regierung mit Danton als Justizminister und wöchentlich wechselndem Vorsitzenden.

Doch in Paris herrschten weder die Legislative noch die provisorische Regierung, sondern die aufständischen Sansculotten, so genannt, weil diese einfachen Leute, kleine Eigentümer und Habenichtse aus dem Volk, im Gegensatz zu den Bessergestellten keine Knie-, sondern lange Hosen trugen. Unter dem Druck der Strasse beschloss die Legislative, die Königsfamilie auszuliefern und im *Temple* gefangensetzen zu lassen.

Ob machtlos oder machtunwillig, die legalen Staatsorgane sahen untätig zu, als in den ersten Septembertagen etwa 1300 Frauen und Männer in den Pariser Gefängnissen ermordet wurden.

Sieyes lebte in der Zeit der Legislative sicher nicht so zurückgezogen, wie er später in der *Notice* behauptet (XXXVI/40f). Er pendelte zwischen Auteuil und Paris, verkehrte da im Hause eines Freundes von Condorcet, dort in den Salons der Damen de Condorcet, Dodu, Roland, Rousseau und de Staël, traf sich mit Brissot, Condorcet, Dumouriez, Talleyrand, Vergniaud und möglicherweise auch mit Danton, dem Duc d'Orléans sowie mit dessen Sohn, dem späteren "Bürgerkönig" Louis-Philippe; auch wurde er zweimal als Experte vor einen Parlamentsausschuss geladen.[67] Politische Stellungnahmen von Sieyes zu Krieg und König sind freilich aus dieser Zeit keine bekannt. Aber man weiss von früher, dass er immer gegen das Veto des Monarchen war, dass er Ludwig XVI. für unfähig hielt, und dass er Illegalitäten, Brutalitäten und Massaker verabscheute. Durch die Wahl in die verfassunggebende Versammlung betrat er im September 1792 erneut die politische Bühne.

Konvent mit Sieyes: Während in Paris die September-Mordorgie wütete, wurde in ganz Frankreich die verfassunggebende Versammlung gewählt. Sie gab sich nach amerikanischem Vorbild den Namen "Konvent". So überraschend dürfte die Wahl in den Konvent für Sieyes kaum gewesen sein, wie er in der *Notice* glauben machen will (XXXVI/42f). Überraschend war wohl nur, dass er gleich dreimal gewählt wurde, nämlich in den Departementen Gironde, Sarthe und Orne. Sieyes nahm die Wahl von Sarthe an, nachdem man ihm dort den schmeichelhaften Ehrentitel "unsterblicher Autor der Menschenrechte-Erklärung" verliehen hatte.

Für die Wahl des Konvents galt ein neues Verfahren. Zwar erfolgte sie wie 1791 indirekt, d.h. mit der Wahl von Wahlmännern in den Primärwählerversammlungen und der Wahl der Abgeordneten in den Wahlmännergremien der Departemente. Im Unterschied zu 1791 hatte die Legislative aber den Zensus für Wähler und Wahlmänner abgeschafft. In der Literatur werden diese Wahlen oft als "allgemeine" bezeichnet (*suffrage universel*)[68]; die Unterscheidung zwischen Aktiv- und Passivbürgern sei aufgegeben worden.[69] Das ist irreführend. In Tat und Wahrheit handelte es sich um ein beschränktes aktives und passives Männerwahlrecht. Wahlberechtigt waren nur Männer ab 21 Jahren, sofern sie seit einem Jahr einen festen Wohnsitz innehatten, finanziell vom eigenen Einkommen lebten und nicht der Klasse der Bediensteten (*domestiques*) angehörten. Es gab also weiterhin Passivbürger. Für die Wählbarkeit galt als zusätzliche Bedingung das vollendete 25. Altersjahr. Die Wahlbeteiligung war bedenklich tief. Von den sieben Millionen Wahlberechtigten nahm lediglich etwa ein Zehntel teil. Die Menschen hatten offenbar andere Sorgen. Zudem war die Wahl nicht geheim. Die mündliche Stimmabgabe kam einem Bekenntnis gleich, das früher oder später ungeahnte Folgen haben konnte.

Mit rabenschwarzem Pessimismus schildert Sieyes zwei Jahre später in der *Notice* die Zustände, die er beim Zusammentritt des Konvents antraf (XXXVI/43-51). Es sei ihm vorgekommen, als wäre er von einer magischen Kraft ans Ende der Welt in ein unbekanntes Land versetzt. Wo immer er hingesehen oder hingehört habe, überall sei er auf widerliche Umgangsformen, verkommene Sitten, eine korrumpierte Sprache, brutale Instinkte aus scheusslichsten Kloaken gestossen. Ein ehrlicher Mensch, ein Mann mit Prinzipien, ein wahrer Freund des Vaterlandes (wie Sieyes - A.R.) müsse in diesem Land als Fremder, ja als Feind erscheinen, der Wut aller Faktionen ausgeliefert, mit Argusaugen beobachtet, tausendfach verleumdet, lustvoll zerfetzt. Kein Heilmittel sei wirksam. Nichts werde ernsthaft geprüft. Allem werde mit der finstersten Ignoranz, die jemals auf Erden vorgekommen sei, misstraut. Die Kenntnis der Fakten vermöge nichts zu erhellen, die weisesten Überlegungen und die heilsamsten Ratschläge würden in den Wind geschlagen oder für Verbrechen gehalten. Stattdessen streuten die Verfasser von Schmähschriften in unredlicher Absicht altbekannte groteske Beschuldigungen, lächerliche Dummheiten und bösartige Lügen aus, die anschliessend vielfach weiter kolportiert würden.

Die öffentliche Meinung sei verstummt. Eine Umwertung aller Werte finde statt. Gleichheit? Das bedeute nicht die Gleichheit der Rechte und die Garantie allgemeinen Wohlstandes, sondern die Ungleichheit der Rechte und die Gleichheit des Elends. Freiheit? Das sei die Freiheit der Schurken gegenüber anständigen Bürgern. Patrioten? Das seien nicht jene, die 1789 an vorderster Front gestanden hätten, sondern die, welche später an die Macht gelangten. Volk? Darunter verstehe man den ungebildetsten Teil der Bevölkerung, der am wenigsten an der Aufrechterhaltung der Ordnung interessiert sei. Revolution? Damit meine man den totalen Ruin aller Beziehungen, welche die Menschen und die Dinge in einer bürgerlichen und wirtschaftlichen Ordnung verbinden. Nichts sei revolutionär, sagten die Monster, ausser die Armut. Als ob die Revolution in der grossen *Tartarie* stattgefunden hätte. Verräter? Als solche gälten jene, die

1789 den Ballhausschwur geleistet, die Gemässigten, die 1792 den Tyrannen bezwungen und die Republik proklamiert hätten. Soziale Kunst? Sie sollte, wie ein gefühlvoller, aber schwachsichtiger Philosoph meinte (Robespierres Lieblingsautor Rousseau - A.R.), bei den Menschen im Naturzustand gesucht werden, wie wenn die Kunst des Schiffbaus am Einbaum der Wilden erlernt werden könnte.

Solcher Art sei die Prostituierung jener Werte, die den Herzen echter Franzosen am teuersten sind. In den schrecklichen Mäulern konspirierten die Begriffe gleichsam mit den Feinden. Wenn diese selbsternannten Athener die Philosophen in den Alleen der Akademie hätten promenieren sehen, sie hätten sie für Diebe gehalten, die in einem Wald verschwinden.

Was habe ein Beobachter beim Ein- und Ausgang des Konvents zu sehen geglaubt? Eine plötzliche Invasion barbarischer Horden, eine von allen Seiten herbeistürzende Sturmflut von gefrässigen, blutrünstigen Xanthippen, die sich der Französischen Revolution bemächtigen wollten. Was sollte man in einer solchen Nacht vernünftigerweise tun? Den Tag abwarten!

Dieses weise Verhalten war aber nicht jenes von Sieyes.

So ungefähr lautet in freier Übersetzung und Verkürzung die frustrierte Lageschilderung von Sieyes aus der Feder seines Freundes Konrad Oelsner.

Tatsächlich sassen im Konvent nicht lauter Radikalinskis und Monster, wie man aufgrund des Berichts von Sieyes meinen könnte. Auch im Konvent dominierten, so wie zuvor in der Legislative, die Vertreter des Bürgertums und innerhalb des Bürgertums die *Hommes de loi* und die Magistraten aus der Provinz. Aber es gab auch Intellektuelle wie Condorcet, Künstler wie David, Ärzte wie Marat, Kleriker wie Grégoire, konstitutionelle Bischöfe und ehemalige Adlige. Etwa jeden Achten traf Sieyes wie bei einem Klassentreffen als ehemaligen Kollegen aus der Zeit der Nationalversammlung.

Im Vergleich zur Legislative bewirkte das Wahlergebnis nochmals eine Verschiebung nach links. Die neue Rechte bildeten nunmehr die Girondisten. Unter ihnen stachen vor allem Brissot und Vergniaud hervor; oft wird Condorcet dazu gezählt, obwohl er parteilos war. Die Girondisten wurden so genannt, weil ihre führenden Persönlichkeiten zum Teil aus der Gironde stammten. Für die Linke setzte sich die Bezeichnung Montagnards durch; der Name kommt daher, weil die Angehörigen der "Bergpartei" im Konvent auf erhöhten Bänken sassen. Ihre Führer waren Marat, Danton, Saint-Just und Robespierre. Die Mitte nahm das "Zentrum" ein, auch *ventre*, *plaine* oder *marais* genannt, von Robespierre als "Tümpel von Kröten" verachtet. Sieyes setzte sich ins Zentrum.

Der Gegensatz zwischen Girondisten und Montagnards war anfangs noch nicht so ausgeprägt. Beide Parteien waren gegen das *Ancien Régime* und gegen die Monarchie, beide für die Republik und für den Krieg. Der Konflikt steigerte sich an den Streitfragen der Hinrichtung des Königs, der neuen Verfassung, der politischen Gewichtung von Stadt und Land und des Terrors. Die Girondisten waren in der Provinz stark, die Montagnards in Paris. Das änderte sich, als es vor allem Robespierre sukzessive gelang, den Jakobinerklub von Girondisten zu säubern, die Strassenreferenden der Sansculotten auf seine Mühlen zu lenken, die Führung der Montagnards an sich zu reissen, die Gegner durch Terror zu dezimieren, die Mitte zwischen den Fronten zu erdrücken, den Konvent zu manipulieren und schliesslich die Diktatur zu errichten. Die wenigen Freunde von Sieyes gehörten zur Mitte oder zu den Girondisten. Kaum aus Opportunismus, sondern wohl aus Überzeugung, stimmte er dennoch mehrmals mit den Montagnards. Nie war er bereit, für bedrängte Freunde, überhaupt für andere, die Kohlen aus dem Feuer zu holen. Er kämpfte für die Sache, meist allein, und schwieg für sich selbst.

Am 20. September 1792 trat der neu gewählte Konvent zusammen. Wie zuvor die Legislative, tagte er in der Manège, bis der Theatersaal der Tuilerien hergerichtet war. Sieyes traf am 21. September in Paris ein, gerade noch rechtzeitig. Denn an diesem Tag beschloss der Konvent einstimmig die Abschaffung der Monarchie. Ferner verkündete er eine neue Zeitrechnung. Ab sofort bestimmte man die Zeit nicht mehr mit der Zahl der Jahre nach Christi Geburt, sondern nach Gründung der Französischen Republik. Das Jahr I begann am 22. September 1792. Der neue Kalender wurde später rückwirkend beschlossen.

Aussenpolitisch schien der 20. September 1792 für Frankreich ein Glückstag. Überraschend schlugen die französischen Truppen in Valmy in einem militärisch unbedeutenden Artillerieduell die grosse preussische Armee. Goethe, der im Gefolge des Herzogs von Weimar dabei war, kommentierte die Niederlage: "Von hier und heute geht eine neue Epoche der Weltgeschichte aus..."

Die französischen Revolutionstruppen nutzten die Chance im Übermass, stiessen im Süden nach Nizza, im Südosten nach Savoyen, im Nordosten ins Rheinland und im Norden nach Belgien vor. Bei Jemappes in der Nähe des heutigen NATO-Oberkommandos im belgischen Mons bereiteten sie den Österreichern eine empfindliche Niederlage.

Nachdem die Nationalversammlung in der Verfassung von 1791 grossspurig den Verzicht auf Eroberungskriege versprochen hatte, besannen sich die Repräsentanten innert Jahresfrist anders und verlegten sich, frei nach Machiavelli, auf die Ambitionen einer expansiven Republik. Im Siegesrausch sprach sich der Konvent für das Recht auf militärische Intervention aus, wo immer ein Volk die Freiheit erlangen wolle. Bald vergass man den Vorbehalt vom Freiheitswunsch des betroffenen Volkes, träumte von Schwesterrepubliken, wenn nicht gar von einer universellen Republik.

Tatsächlich annektierte Frankreich Nizza, Savoyen und Belgien, letzteres eindeutig gegen den Willen der Bevölkerung. Danton sprach von den "natürlichen Grenzen" Frankreichs und meinte damit das Meer, den Rhein, die Alpen und die Pyrenäen. Im "Delirium imperialistischer Begeisterung"[70] brüstete sich der Montagnard Chaumette: "Das Gebiet, das zwischen Paris und Petersburg, zwischen Paris und Moskau liegt, wird bald französisiert, kommunisiert und jakobinisiert sein." Selbst der Girondist Brissot prophezeite: "Wir werden erst Ruhe haben, wenn Europa, und zwar ganz Europa, in Flammen steht." Wer noch von Frieden zu sprechen wagte, galt als Konterrevolutionär.

Im Innern Frankreichs etablierte sich ein Versammlungsregime ohne Gewaltenteilung. Der Konvent nahm für sich die verfassunggebende, die gesetzgebende und die ausführende Gewalt in Anspruch. Er regierte vor allem mittels Ausschüssen, während die Rolle der Minister immer schwächer wurde.

Allen Widrigkeiten zum Trotz bemühte sich Sieyes bis zum Sommer 1793 um eine konstruktive Mitarbeit. Er liess sich in den Verfassungsausschuss, den Verteidigungsausschuss und den Bildungsausschuss wählen. Das ist bei annähernd 800 Abgeordneten eine weit überdurchschnittliche Ämterkumulation. Bis Januar 1793 war der Konvent vor allem mit dem Krieg und dem Königsprozess beschäftigt. Aus dem ersten Halbjahr 1793 sind, in dieser zeitlichen Abfolge, drei Texte von Sieyes überliefert: ein Plan zur Reorganisation des Kriegsministeriums (XXXV), eine Analyse des Freiheitsbegriffs (XXXII) und ein Projekt für die Volksschulen (XXXIII). Zwei weitere Texte stammen aus der Zeit der Herrschaft der Robespierrianer: Die Erklärung über den Verzicht auf den Klerikerstatus (XXXIV) und sein vorläufiger Lebensbericht (XXXVI). Sie werden nachfolgend im Rahmen der Tätigkeit von Sieyes und im geschichtlichen Kontext erörtert.

Sieyes und die Monarchie: Sechs Abstimmungen im Konvent besiegelten das tragische Schicksal der Königsfamilie und das vorläufige Ende der fast tausendjährigen Monarchie in Frankreich: 1) Am 21. September 1792 stimmte der Konvent einstimmig, also mit der Stimme von Sieyes, für die Abschaffung der Monarchie. 2) Am 3. Dezember stimmte Sieyes gegen die Verurteilung des Königs durch den Konvent; der Antrag wurde angenommen und dementsprechend der Prozess gegen den König in Gang gesetzt. 3) Am 14. Januar 1793 erklärte der Konvent mit 707:16 Stimmen den König für schuldig; Sieyes votierte für den Schuldspruch. 4) Am gleichen Tag lehnte es der Konvent mit 287:424 Stimmen ab, das Urteil der Sanktion des Volkes zu unterstellen; Sieyes stimmte gegen die Volkssanktion. 5) Am 16./17. Januar sprach der Konvent - bei korrekter Zählung - mit der Mehrheit von nur einer Stimme (361:360) das Todesurteil; während viele Abgeordnete ihre Stellungnahme begründeten, antwortete Sieyes beim Namensaufruf knapp und bündig mit "la mort"; die Ergänzung "la mort sans phrase" ist eine Legende. 6) Anschliessend stimmte der Konvent mit 380:310 gegen den Aufschub der Todesstrafe; Sieyes votierte gegen den Aufschub.

Am 21. Januar 1793 wurde Ludwig XVI. auf der *Place de la Concorde* öffentlich hingerichtet, fast auf den Tag genau 144 Jahre nach der öffentlichen Hinrichtung von Charles I. in England. Die Leiche des Königs wurde in ein

Massengrab geworfen. Im Oktober 1793 folgte die Hinrichtung der Königin; im Juni 1795 starb der zehnjährige Dauphin im Gefängnis.

Das Stimmverhalten von Sieyes gebe Rätsel auf, wird behauptet. Es sei inkonsequent, wenn nicht sogar opportunistisch. Unentschuldbar sei, dass er fünfmal mit den Montagnards und viermal gegen die Girondisten votierte. Hat er etwa nicht, im klaren Vorauswissen des knappen Mehrheitsentscheids, mit seiner Stimme den Ausschlag gegeben und damit höchst persönlich das Todesurteil gegen den König unterschrieben? Ist er also der eigentliche "Königsmörder"?

Bei näherer Betrachtung erweist sich das Stimmverhalten als durchaus folgerichtig. Zu diesem Zweck muss man freilich auch auf unveröffentlichte Quellen aus dem Nachlass von Sieyes zurückgreifen. Die beste Darstellung über das Verhältnis von Sieyes zur Monarchie findet sich in der Dissertation von Thomas Hafen, der sich die Mühe genommen hat, die einschlägigen Handschriften zu lesen und auszuwerten.[71]

Aufgrund der veröffentlichten Quellen wissen wir, dass Sieyes gegen die Mitwirkung des Königs bei der Verfassungs- und Gesetzgebung war, dass er die Rolle des Königs also ausschliesslich im Rahmen der ausführenden Gewalt sehen wollte; das hatte er im September 1789 in der Rede gegen das königliche Veto eingehend begründet (XII). Ferner wissen wir aus der Kontroverse mit Thomas Paine vom Juli 1791, dass er, selbst nach dem Fluchtversuch der Königsfamilie, unter den gegebenen Umständen an der Erbmonarchie festhielt, obwohl er an sich die Wahlmonarchie besser fand, und dass er die monarchische Regierungsform der republikanischen vorzog (XXIXf). Schliesslich war er in der Erstfassung seiner Menschenrechteerklärung dafür eingetreten, dass der König im Gegensatz zu allen anderen Amtsträgern nicht zur Verantwortung gezogen werden könne.[72] In späteren Fassungen liess er den entsprechenden Artikel freilich fallen (IXf). Aber er hat sich nicht dagegen ausgesprochen, als die "Heiligkeit" und "Unverletzlichkeit" des Erbkönigs in der Verfassung von 1791 verankert wurde .

Im unveröffentlichten Nachlass[73] finden sich um 1790 entstandene Texte, in denen sich Sieyes das eine Mal für die Erbmonarchie, das andere Mal für die Wahlmonarchie aussprach. Im September 1790 dachte er konkret über den

Rücktritt Ludwigs XVI. nach, und nach Varennes entwarf er sogar eine Abdankungserklärung. Für die Monarchie führte er drei Argumente ins Feld: Erstens soll an der Spitze der Exekutive keinesfalls ein Kollegium, sondern eine Einzelperson stehen, die rasches und koordiniertes Handeln ermöglicht. Zweitens soll diese Einzelperson, dem Brauchtum grosser moderner Staaten entsprechend, ein mit dem notwendigen Glanz für Botschafterempfänge ausgestatteter König sein. Drittens soll das Amt an der Spitze der Staatspyramide nicht dem Ehrgeiz machthungriger Demagogen zugänglich sein. Im übrigen hat sich aber der König möglichst nicht in die Tagesgeschäfte einzumischen.

Fazit: Sieyes war für eine konstitutionelle Monarchie besonderer Art. Er wollte einen glanzvollen, aber an Macht schwachen König, einen würdigen Repräsentanten der Nation, aber einen in normalen Zeiten auf eine fast nur symbolische Funktion beschränkten. Er sah in ihm den Ersten Bürger, aber einen Bürger, der wie jeder andere Bürger auch auf die Menschenrechte, die Verfassung und die Gesetze verpflichtet ist. Grundsätzlich neigte er zur Wahlmonarchie, aber er anerkannte die relative Stichhaltigkeit von Argumenten für die "zufällige Wahl durch Vererbung", und er war in der konkreten historischen Situation bereit, der Erbmonarchie den Vorzug zu geben. Für Ludwig XVI. hatte er nicht viel übrig; er hielt ihn für unfähig. Nach Varennes hätte er die Abdankung für angebracht gehalten. Aber als im Herbst 1792 bekannt wurde, dass der König und die Königin einmal mehr ein Doppelspiel betrieben, öffentlich für den Krieg eintraten und insgeheim mit den Feinden konspirierten, war das Mass voll. Das war für Sieyes Landesverrat. Er hatte kein Verständnis dafür, dass die Loyalität zur monarchisch-aristokratischen Internationale grösser sein könnte als zum eigenen Vaterland. Ob er mit dem Gedanken spielte, an Stelle von Ludwig XVI. einem anderen zum Thron zu verhelfen, beispielsweise dem Duc d'Orléans, gehört ins Reich der Vermutungen.

Zurückkommend auf das Stimmverhalten von Sieyes: Unter den historischen Gegebenheiten war die Erbmonarchie im September 1792 nicht mehr zu retten; deshalb stimmte Sieyes in der ersten Abstimmung aus realistischer Einsicht der Abschaffung der Monarchie zu, was nicht ausschloss, später bei günstiger

Gelegenheit, formell mit oder informell ohne Königstitel, einen Wahlmonarchen zu küren. Die Stellung des Staatspräsidenten in der Fünften Republik wäre wohl den Vorstellungen von Sieyes recht nahe gekommen. In der zweiten Abstimmung wandte sich Sieyes konsequenterweise dagegen, dass der Konvent zu allen andern auch noch die richterliche Gewalt an sich risse. Es war ganz im Sinne von Sieyes, als der Verteidiger des Königs den Abgeordneten zurief: "... ich suche unter Euch Richter, sehe aber nur Ankläger."[74] Nachdem der Konvent für sich die Rollen von Ankläger und Richter usurpiert hatte, ging es Sieyes nur noch darum, das Kapitel Louis Capet möglichst rasch und endgültig abzuschliessen. Wenn es denn sein musste, dann lieber ein Ende mit Schrecken als ein Schrecken ohne Ende. Deshalb fertigte er die Verteidiger des Königs, die seine Unterstützung suchten, ungeduldig-überdrüssig ab: "... il est mort, mort: ne parlons plus de cela."[75] Also stimmte er für den Schuldspruch, gegen die Volkssanktion (Referenden lehnte er grundsätzlich ab), für die Todesstrafe und gegen den Strafaufschub.

Sieyes-Plan zur Kriegsorganisation: Das Komitee für allgemeine Verteidigung setzte sich aus Mitgliedern der sieben wichtigsten Konventsausschüsse zusammen. Der Verfassungsausschuss delegierte Sieyes, und der anfänglich von Girondisten dominierte Verteidigungsausschuss bestimmte ihn als Berichterstatter. Sieyes galt eben auch als Militärsachverständiger. General Dumouriez lobte sein "génie militaire". Vier Tage nach der Hinrichtung des Königs hielt Sieyes seine erste grosse Rede im Konvent. Der *Rapport du Comité de Défense générale pour organiser le Ministère de la Guerre* (XXXV) umfasst drei Teile.

Der erste Teil ist der Bereitstellung der personellen und materiellen Mittel für die Kriegführung gewidmet. In diesem Rahmen schlug Sieyes neben der nationalen Finanzverwaltung (*trésorie nationale*) neu eine nationale Wirtschaftsverwaltung (*économat national*) vor.

Im zweiten Teil befasste sich Sieyes mit der Organisation des Kriegsministeriums. Er wandte sich darin einmal mehr gegen Kollegien jeglicher Art. Eine einzige Person soll dem Kriegsministerium vorstehen. Dieser sind ein Verwalter und ein Direktor zu unterstellen. Der Verwalter ist für die Versorgung der

Truppe und den Unterhalt des Materials zuständig, der Direktor für die Ausbildung der Truppe und die militärischen Operationen. Direktor und Verwalter arbeiten getrennt. Sie sind gleichsam zwei Hände, die vom Kriegsminister als Kopf gelenkt werden. Die Unterchefs sind sowohl dem Kriegsminister als auch der Regierung (*conseil exécutif*) verantwortlich. Bei Dissens zwischen dem Kriegsminister und einem der Unterchefs entscheidet die Regierung. Beschliesst die Regierung im Sinne des Kriegsministers, ist der Unterchef entlastet. Die beiden Unterchefs arbeiten getrennt. Sie sind in ihrem Arbeitsbereich allein verantwortlich. Dem Kriegsminister zugeordnet sind vier bis sechs persönliche Mitarbeiter (*conseillers - inspecteurs*). Auch sie bilden kein Kollegium. Mehrheitsentscheide sind "immer ein kapitaler Irrtum in der Hierarchie der Exekutive" (XXXV/22). In einem modernen Organigramm würde man die Unterchefs als Linienfunktionen und die persönlichen Mitarbeiter als Stabsfunktionen eintragen.

Der dritte Teil befasst sich mit der Beziehung zwischen dem Kriegsministerium und dem Armeegeneral. Die Schlüsselfrage lautet: Wie kann verhindert werden, dass der General zum Diktator wird? Unausgesprochen geht es um den Primat der Politik gegenüber der Armee. Bestimmt hatte der historisch gebildete Sieyes den Diktator der Römischen Republik im Visier. Er unterschied, heute würde man sagen, vier strategische Fälle. Wenn Nachschub und Verwaltung klappen, kann sich der General ausschliesslich auf seine Kernaufgabe, die militärische Aktion, konzentrieren (Normalfall). Wenn der Nachschub nicht genügend gewährleistet ist, erhält der General das Recht für Requisitionen (ausserordentlicher Fall). Sobald sich das Land im Kriegszustand befindet, sind Verbindungsoffiziere (*adjoints-généraux*) zu bestimmen, die den Kontakt zwischen Kriegsministerium und Armee sicherstellen. Wenn Wirtschafts- und Militärverwaltung nicht mehr funktionieren, sind beide administrativen Zweige vorübergehend dem General zu unterstellen (Extremfall). Bricht die zivile Organisation völlig zusammen, soll eine Art mobiles Kriegsministerium gebildet werden, wobei der General die Funktion des Kriegsministers übernimmt, während je einer der *adjoints-généraux* die Wirtschftsverwaltung, die Militärverwaltung und die Direktion leiten (schlimmster Fall). Befindet sich die

Armee ausserhalb der Landesgrenzen, verfügt der General im Feindesland über legislative und exekutive Kompetenzen. Man muss hier daran erinnern, dass die Armee zu dieser Zeit gerade dabei war, die Besetzung Belgiens zu organisieren.

Am Schluss kommt Sieyes auf die Schlüsselfrage zurück: Wie kann eine Generalsdiktatur verhindert werden? Seine Antwort: In jedem Fall soll dem General nur so viel an Kompetenzen übertragen werden, als unbedingt notwendig ist. Selbst im schlimmsten Fall ist ihm nur ein Teil der Staatsmacht anvertraut. Es bleiben ihm Zügel angelegt. Der Primat der Politik bleibt gewährleistet.

Der Sieyes-Plan ist sehr beachtenswert. Er wird von den Sieyes-Biographen zu Unrecht unterschätzt. Sieyes erweist sich hier als Vordenker der Gesamtverteidigung. Primat der Politik, wirtschaftliche Landesvorsorge, Trennung von Ausbildung und Einsatz, Koordinierung von Logistik und Operationen, Differenzierung nach Linien-, Stabs- und Verbindungsfunktionen, strategische Fälle, je nach strategischem Fall Strukturveränderungen, verkürzte Entscheidungswege und Kompetenzerweiterungen usw. sind wichtige Elemente moderner sicherheitspolitischer Konzepte. Für die damalige Zeit war diese Denkarbeit erstaunlich innovativ.

Der Plan von Sieyes wurde im Konvent ungnädig aufgenommen. Zwar zollten ihm einige Abgeordnete ihren persönlichen Respekt. Aber man las den Bericht vor allem als indirekte Kritik am schwachen Kriegsminister Pache und am sansculottischen Debattierklub um Hassenfratz, den Adlaten von Pache, sowie auch als Unterstützung für den machtbewussten General Dumouriez. Sant-Just kritisierte zu Recht die Nichtberücksichtigung der Rolle des Konvents bzw. des Parlaments. Das ist freilich nach wie vor ein wunder Punkt sicherheitspolitischer Konzepte, auch in modernen Demokratien. In der amerikanischen Verfassung ist das Problem bis heute nicht gelöst. Salle, ein alter Gegner von Sieyes, verdammte den *économat* als monströse Vergeudungsmaschine. Die Girondisten zahlten Sieyes sein Stimmverhalten im Königsprozess heim und beschränkten sich mit Erfolg darauf, den abtrünnigen Kriegsminister zu ersetzen. Niemand unterstützte den Plan. So löste er sich in Luft auf. Der erste grosse Auftritt von Sieyes im Konvent endete in der ersten grossen Niederlage. Er blieb zwar weiterhin Mitglied des Verteidigungsausschusses, auch nach der personellen Teilerneuerung. Aber er scheint nicht mehr aktiv geworden zu sein.

Als im April 1793 der Verteidigungs- vom Wohlfahrtsausschuss abgelöst wurde, räumte Sieyes seinen Platz mit der Begründung, er wolle sich auf die Arbeit im Bildungsausschuss konzentrieren.

Krieg und Bürgerkrieg: Die französische Annexionspolitik und der "Königsmord" erschreckte die Monarchen Europas. Edmund Burke predigte den konterrevolutionären Kreuzzug. Die Gleichgewichtspolitik erforderde die Mobilisierung von Gegenkräften. Der schwerste Gewichtsstein in den Waagschalen der Gleichgewichtspolitik war England. Es trat der antifranzösischen Koalition bei. Mit Ausnahme der Republiken Venedigs und der Schweiz sowie des Nordens erhob sich fast ganz Europa gegen Frankreich. Nach der Winterpause wendete sich das Kriegsglück. Die überstürzte Aushebung von weiteren 300'000 Mann konnte den Zusammenbruch der Nordfront nicht verhindern. Frankreich musste zuerst Belgien, dann das Rheinland räumen. Der selbstherrliche Dumouriez weigerte sich, den Befehlen aus Paris zu gehorchen. Hinter dem Rücken des Konvents führte er Geheimverhandlungen mit dem Feind. Er wollte nach Paris marschieren, aber die Revolutionstruppen verweigerten den Gehorsam. Darauf beging der General im April 1793 Fahnenflucht. Die Österreicher gewährten ihm Asyl. Robespierre verlangte, alle Komplizen von Dumouriez unter Anklage zu stellen. Nun wurde es eng für Sieyes. Zwar war er am Verrat Dumouriez' bestimmt nicht beteiligt, aber es war bekannt, dass er den starken Mann zuvor bewundert hatte.

Zu allem Unglück gärte es auch im Innern des Landes. Die durch die englische Blockade verschärfte Versorgungskrise und die Willkür der Aushebungen waren der Auslöser des Aufstandes in der Vendée im März 1793. Gegenrevolutionäre Kräfte aus Adel und Klerus witterten die Chance und stiessen zu den Aufständischen. Der Konvent wusste kein anderes Mittel als Repression. Das Revolutionstribunal, lokale Überwachungskomitees, der Wohlfahrtsausschuss als eine Art Notstandsregierung (*Comité de salut public*) und die Armee sollten Krieg und Bürgerkrieg in Griff bekommen. Danton, in der guten Absicht, einer Wiederholung der wilden Septembermorde vorzubeugen, verkündete: "Seien wir schrecklich, damit das Volk es nicht zu sein braucht. Das ist ein Gebot der Humanität!" Und Marat liess verlauten: "Die Freiheit muss mit Gewalt geschaffen werden. Jetzt ist der Augenblick gekommen, um für eine gewisse Zeit den Despotismus der Freiheit zu organisieren."

Gironde-Verfassung: Mitten im Krieg und Bürgerkrieg beriet der Konvent den Entwurf einer neuen Verfassung. Anfangs Oktober 1792 war ein neunköpfiger Verfassungsausschuss gewählt worden. Wegen des Königsprozesses hatten sich die Vorarbeiten verzögert. Zudem waren gegen 300 Verfassungsvorschläge aus dem In- und Ausland eingetroffen. Bereits die externen Anregungen tendierten Richtung allgemeines Wahlrecht, direktdemokratische Institutionen und gegen das parlamentarische System Englands. Rousseausche Ideen erhielten Auftrieb.

Das gilt auch für den Entwurf des Verfassungsausschusses. Weil in ihm die Girondisten in der Mehrheit waren, ist er unter dem Namen "Gironde-Verfassung" bekannt. Die überragende Autorität im Ausschuss war Condorcet. Die Kollegen nahmen an seinem Entwurf nur geringfügige Änderungen vor. Mitte Februar 1793 hielt Condorcet im Konvent das Einführungsreferat. Die Debatten im Plenum schleppten sich bis Ende Mai hin. Welches sind die wichtigsten Merkmale der Gironde-Verfassung?

Obwohl ein Abgeordneter eine kurze und klare Verfassung gewünscht hatte, ist der Condorcet-Entwurf aussergewöhnlich lang, übergenau und kompliziert. Selbst ohne die Menschenrechte-Erklärung enthält er 370 Artikel. Die territoriale Gliederung der Verfassung von 1791 ist weitgehend beibehalten (Titel I), aber mit stärkeren Departementsverwaltungen (Titel IV). Zu den drei wichtigsten Neuerungen zählt das allgemeine Männerwahlrecht, das aktive ab 21, das passive ab 25 Jahren (Titel II). Alle Wahlen erfolgen im Rahmen der Primärversammlungen und zwar als direkte, zweistufige Majorzwahlen, wobei alle Bürger sowohl bei der Kandidatenaufstellung, als auch bei der Wahl voll beteiligt sind (Titel III).

Der Exekutivrat (*Conseil exécutif*), also die Regierung, wird für zwei Jahre direkt vom

Volk gewählt, mit jährlich hälftiger Erneuerung und der Möglichkeit der Wiederwahl (Titel V). Dabei ist als zweite wichtige Neuerung eine siebenköpfige Kollegialregierung vorgesehen; der Vorsitz rotiert alle vierzehn Tage. Die Regierung hat kein Recht zur Initiierung oder Ausarbeitung von Gesetzen; sie kann dem Parlament lediglich vorschlagen, bestimmte Anliegen in Erwägung zu ziehen. Die Exekutivräte haben Sitze im Parlament, dürfen und müssen dort Red und Antwort stehen, können aber nicht mitstimmen. Getrennt von der Regierung sind je drei Kommissare für das Schatzamt und den Rechnungshof zuständig (Titel VI).

Die Abgeordneten des Parlaments (*Corps législatif*) sind nur für ein Jahr gewählt (Titel VIII). Das Einkammerparlament verfügt unterhalb der Verfassungsstufe allein über die ganze Gesetzgebungsfunktion. Darüber hinaus ist es zuständig für die jährliche Festlegung der Steuern, die Kriegserklärung und die Ratifikation völkerrechtlicher Verträge (Titel XII und XIII).

Die dritte wichtige Neuerung betrifft die direktdemokratischen Institutionen (Titel VIII und IX). Sie umfassen die Verfassungsinitiative, das obligatorische Auftragsreferendum für Verfassungsänderung, das obligatorische Verfassungsreferendum, die Gesetzesinitiative, das fakultative Gesetzesreferendum und das vom Parlament oder vom Konvent ausgelöste Konsultativreferendum. Nach 20 Jahren oder, jederzeit auslösbar, durch eine vom Volk angenommene Bürger- oder Parlamentsinitiative zur Änderung der Verfassung, soll ein Nationalkonvent gewählt werden.

Die rechtsprechende Gewalt (Titel X) darf weder vom Parlament noch von der Regierung noch von nachgeordneten Verwaltungsorganen ausgeübt werden. Umgekehrt dürfen sich die Justizorgane nicht in die gesetzgebende und in die ausführende Gewalt einmischen. Die Rechtsprechung umfasst drei Bereiche: die Zivilgerichtsbarkeit, die Strafgerichtsbarkeit sowie die Gerichtsbarkeit für Staatsverbrechen und, auf Antrag des Parlaments, für Verfahren zur Absetzung von Regierungsmitgliedern. Es gibt keine Verwaltungs- oder Verfassungsgerichtsbarkeit. Alle Richter und Geschworenen werden direkt vom Volk gewählt. Die Todesstrafe für private Verbrechen ist abgeschafft.
Die Streitkräfte sind der Regierung unterstellt (Titel XI). Der Abschnitt über die Aus-

Die Erneuerung Frankreichs durch die Verfassung von 1793. Von Philippe-Auguste Hennequin

senpolitik (Titel XIII) enthält die Verpflichtung, nur zur Aufrechterhaltung der Freiheit, zur Bewahrung der Unversehrtheit des Territoriums und zur Verteidigung der Verbündeten zu den Waffen zu greifen. Ferner wird feierlich versprochen, keine neuen Territorien zu annektieren, es sei denn mit freier Zustimmung der Mehrheit der betroffenen Bevölkerung, und auch dies nur, sofern das Gebiet nicht in einen anderen Staat integriert ist.

Montagnarde-Verfassung: Die Verfassung Condorcets wurde von den Montagnards heftig bekämpft. Sie kritisierten insbesondere den angeblichen Föderalismus, die Volkswahl der Regierung, das zu starke Gewicht der Regierung gegenüber dem Parlament, die Kompliziertheit der direkten Demokratie und überhaupt die "freiheitstötende" Grundtendenz.[76] Obwohl im offiziellen Verfassungstext nicht der leiseste Anhaltspunkt zu finden ist, führten sie ein Scheingefecht gegen die Einführung des Zweikammerparlaments. Auf die Kritik am Exekutivrat konterte Condorcet: "Wenn die Regierungsmitglieder die Bevollmächtigten der Exekutivgewalt [Legislativgewalt ? - A.R.] sind, so sind sie gleichwohl nicht deren Kreaturen."

Um die Verschleppungstaktik der Montagnards zu durchkreuzen, stellte Condorcet erfolglos den Antrag, entweder den verfassungslosen Zustand durch die Verabschiedung einer neuen Verfassung zu beenden oder einen neuen Konvent zu wählen. Es war offensichtlich, dass die Montagnards nicht gewillt waren, eine neue Verfassung noch vor der Entmachtung der Girondisten ernsthaft in Erwägung zu ziehen. Marat verbreitete ein Rundschreiben, in dem er die Absetzung aller Abgeordneten verlangte, die im Königsprozess den Antrag auf Volksbefragung unterstützt hatten. Die Girondisten erhoben deswegen Anklage. Doch Marat wurde freigesprochen und kehrte im Triumphzug in den Konvent zurück. Um die Monatswende Mai/Juni 1793 umstellten Sansculotten den Konvent und setzten ihn praktisch gefangen. Der Konvent kapitulierte; die Bergpartei allein beschloss die Verhaftung von 29 führenden Girondisten.

Nach dem "proletarischen" Staatsstreich hatten die Montagnards freie Bahn. Ohne grosse Änderungen übermittelte der neu konstituierte Verfassungsausschuss einen von Hérault de Séchelles redigierten Verfassungsentwurf ans Plenum. Dieses verabschiedete die "Montagnarde-Verfassung" bereits drei Wochen nach dem Staatsstreich am 24. Juni 1793.

Dem *Acte constitutionnel* ist eine neue *Déclaration des droits de l'homme et du citoyen* vorangestellt. Sie entspricht mit geringfügigen Modifikationen der Erklärung, die auf einen Entwurf von Robespierre zurückging und noch vor der "Säuberung" des Konvents bereinigt worden war. Welche Neuerungen brachte sie im Vergleich zu den Menschenrechte-Erklärungen von 1789 und 1791? Von eher symbolischer Bedeutung ist, dass den Grundprinzipien Freiheit, Sicherheit und Eigentum der neue Grundsatz der Gleichheit vorangestellt (Art.2) und die "goldene Regel" aufgenommen wurde (Art. 6). Substantiell ist dagegen die Verstärkung des individuellen und kollektiven, auch gewaltsamen Widerstandsrechts (Art. 11, 33, 34 und 35), die Erlaubtheit der Tyrannentötung (Art. 27), die Pflicht der Gesellschaft zur Hilfe an Bedürftige (Art. 21) und zur Schaffung von Bildungseinrichtungen für alle Bürger (Art. 22) sowie das zeitlich unbeschränkte Recht des Volkes zur Änderung der Verfassung (Art. 28). Obwohl die Parole "Die politische Gleichheit wird durch die Ungleichheit des Vermögens geschwächt" die

Runde machte, verteidigte der Konvent die Eigentumsgarantie im Rahmen der Gesetze (Art. 16 und 19). Selbst Robespierre wandte sich gegen die gleiche Güterverteilung, insbesondere gegen die Harringtonsche Idee einer Gleichverteilung des Landes: "Die Gleichheit der Güter ist ein Hirngespinst. Das Agrargesetz ist ein von Spitzbuben erfundenes Phantom, um die Dummköpfe zu schrecken."[77]

Die Séchelle-Verfassung ist im Vergleich zu jener von Condorcet nicht nur gestrafft; sie enthält vielmehr wichtige Änderungen.[78] Das allgemeine Männerwahlrecht wird unter bestimmten Bedingungen explizit auch auf Ausländer ausgeweitet (Art. 4). Die Wahl der Parlaments- und Konventsabgeordneten erfolgt in Einerwahlkreisen; gewählt ist im ersten Wahlgang, wer das absolute Mehr erreicht; andernfalls findet ein zweiter Wahlgang statt, mit Stichwahl zwischen den beiden Bestplazierten (Art. 26 und 116). Die Verwaltungsbeamten der Bezirke und Departemente (Art. 80) sowie die Richter (Art. 91, 97 und 100) werden indirekt durch Wahlmänner gewählt. Die Ansätze für eine gewisse Autonomie der dezentralisierten Verwaltungsorgane sind aufgehoben (Art. 82). Gesetzesinitiative und Konsultativreferendum sind verschwunden, Verfassungsinitiative (Art. 115) und fakultatives Gesetzesreferendum (Art. 59f) durch fast unüberwindlich hohe Hürden erschwert. Die Regierung (*conseil exécutif*) ist auf 24 Mitglieder erhöht (Art. 62). Ihre Wahl erfolgt doppelt indirekt, indem die departementalen Wahlmännerversammlungen die Kandidaten nominieren und das Parlament aus ihnen jährlich die Hälfte der Regierungsmitglieder wählt (Art. 63f). Artikel 109 stipuliert die allgemeine Wehrpflicht und Artikel 110 - lex Dumouriez - verbietet die Wahl eines Generalissimus. In der Aussenpolitik musste Robespierre stark zurückstecken. Der ehemalige Kriegsgegner hatte nämlich eine aussenpolitische Doktrin empfohlen, welche die unbegrenzte Unterstützung des Freiheitskampfes aller Völker ermöglicht hätte. Aus dem Verfassungstext ergibt sich jedoch kein Auftrag für militärische Interventionen im Ausland. Aber er schliesst, wie übrigens auch die Gironde-Verfassung, nicht aus, das französische Staatsgebiet zu arrondieren.

Der Triumph der Republik oder der Verfassung von 1793. Von Joseph-Marie Vien

Anonym veröffentlichte Condorcet in der Schrift *Aux citoyens français sur la nouvelle constitution* eine mutige Kritik an der Montagnarde-Verfassung.[79] Er wurde alsogleich denunziert und musste untertauchen. Im März 1794 verhaftet, starb er im Gefängnis.

Godechot qualifiziert die Montagnarde-Verfassung als Versammlungsdiktatur ohne Gewaltenteilung.[80] Das geht zu weit. Weder die Regierung noch die Justiz sind dem Parlament nach dem Wortlaut der Verfassung völlig ausgeliefert. Freilich musste die Verfassung den Test praktischer Bewährung nicht bestehen.

Am 21. September 1792 hatte der Konvent erklärt, "qu'il ne peut y avoir de constitution que celle qui est acceptée par le peuple".[81] Tatsächlich fand im Juli 1793 das erste Verfassungsreferendum in Frankreich und Europa statt. Vor der Abstimmung wurde in den Wählerversammlungen der Verfassungstext verlesen und in den örtlichen Dialekt übersetzt. Abgestimmt wurde öffentlich; Ablehnung war demzufolge nicht ungefährlich. Rund 1.9 Mio. stimmten dafür, nur 11'600 dagegen; 4.3 Mio. nahmen nicht teil. Angesichts der offenen Abstimmung und der hohen Zahl der Nichtstimmenden (70%) hinterlässt die halbwahr-zweckoptimistische Behauptung des Konventspräsidenten Hérault de Séchelles, niemals habe ein einmütigeres Referendum eine grössere und bevölkerungsreichere Republik begründet, einen schalen Beigeschmack.

Am 10. August 1793 wurde die neue Verfassung in einem grandiosen, vom Maler und Konventsmitglied David gestalteten Volksfest auf der *Place de la Bastille* gefeiert. Aber zwei Monate später vertagte der Konvent die Inkraftsetzung, bis Frieden eingekehrt sei. Der verfassungslose Zustand hielt an. Statt die Erklärung der Menschenrechte und die Verfassungsurkunde, wie in der Verfassung angekündigt (Art. 124), auf Tafeln einzugravieren und in der Mitte des Parlaments und an öffentlichen Plätzen aufzustellen, wurden sie in einem kostbaren Schrein zu Füssen des Konventspräsidenten verschlossen. Wie die Gironde-Verfassung, gelangte auch die Montagnarde-Verfassung nie zur Anwendung. Aber beide hatten dennoch eine nachhaltige Wirkung, insbesondere auf die Schweiz. Die Kollegialregierungen und die direktdemokratischen Institutionen in Bund und Kantonen sind von ihnen mitinspiriert.

Sieyes und die demokratischen Verfassungen: Demokratisch sind die Gironde- und die Montagnarde-Verfassung, insofern sie das allgemeine Männerwahlrecht und direktdemokratische Institutionen einführen wollten. Die unmittelbare Demokratie wurde in der damaligen Zeit mit der Demokratie gleichgesetzt und von Madison als Gegensatz zur Republik[82], von Sieyes als Gegensatz zur Repräsentation (IV/73; XXX) verstanden. Der Begriff der repräsentativen Demokratie kommt erst später auf, in einem Verfassungstext erstmals in jenem der Helvetischen Republik von 1798.

Trotzdem Sieyes die direkte Demokratie ablehnte, hat er den Entwurf der Gironde-Verfassung mitunterzeichnet; von den Mitgliedern des Verfassungsausschusses verweigerte nur Danton die Unterschrift. Aber Sieyes unterschrieb in der Annahme, dass sein eigener Verfassungsentwurf im Anhang zum Bericht des Verfassungsausschusses publiziert werde. Dazu kam es nicht. Als nämlich die erste Seite des Anhangs in Druck war, lief der Deputierte Amar Sturm. Ein skandalöses Delikt sei im Gange; es müsse unverzüglich gestoppt werden. Dass sich Barère im Namen des Verfassungskomitees vor Sieyes stellte, nützte nichts. Der Konvent verbot die Drucklegung. Das war die zweite grosse Schlappe für Sieyes im Konvent. Zwei Jahre später beklagt er sich in der ersten Thermidorrede bitter über diesen Affront (XL/5).

Leider ist der Verfassungsentwurf von Sieyes aus dem Jahr 1793 verschollen. Er befindet sich nicht im Nachlass. Wieso erwähnte ihn Sieyes in der *Notice* mit keinem Wort? Hat er ihn vielleicht selbst vernichtet? Etwa weil er darin Konzessionen gemacht hatte, die er später bereute? Dafür gibt es ein kleines Indiz. An der erwähnten Stelle der ersten Thermidorrede attackierte er nämlich die selbsternannten "Freunde des Volkes" von 1793, weil sie in ihrer krassen Ignoranz geglaubt hätten, das Repräsentativsystem sei mit der Demokratie unvereinbar, als ob ein Bauwerk mit dem Fundament inkompatibel wäre. Das gemahnt an Thomas Paine, Mitglied des Verfassungsausschusses, der die Repräsentation auf die Demokratie aufpfropfen wollte.[83] Die Verknüpfung von Demokratie und Repräsentation passt indessen, abgesehen von dieser kuriosen Stelle, überhaupt nicht zur sonst so präzisen Terminologie von Sieyes.

Wie dem auch sei, die direktdemokratischen Institutionen stehen in klarem Widerspruch zu den überlieferten Quellen der politischen Theorie von Sieyes. Immer wollte er das Repräsentativsystem in reiner Form durchziehen. Er hielt die grosse Mehrheit der Aktivbürger nur zur Auswahl der Wahlfähigen und der Wahlmänner befähigt, nicht zur Direktwahl und erst recht nicht zur Beurteilung von Sachfragen (XIII/ 17). Das allgemeine Wahlrecht für Männer und Frauen betrachtete er als Ziel, hielt es aber angesichts des gegenwärtigen Bildungsstandes für verfrüht (XIII/20-22). Die einjährige Amtszeit des Parlaments ohne Teilerneuerung entsprach nicht seiner Idealvorstellung von drei Jahren mit jährlicher Drittelserneuerung (VIII/ 18; XII/32). Gegen Kollegialorgane im Exekutivbereich hatte er sich eben erst erneut apodiktisch ausgesprochen, zu einem Zeitpunkt, als der Condorcet-Entwurf bereits im Verfassungsausschuss zirkulierte (XXXV/22). Die hauptsächlichen Steine des Anstosses in den beiden demokratischen Verfassungen müssen folglich gewesen sein: allgemeines Männerwahlrecht, Direktwahlen, zu kurze Amtszeit des Parlaments ohne Teilerneuerung, Volkswahl der Regierung, Kollegialregierung, Initiative und Referendum. Dagegen muss ihn die Beibehaltung "seiner" territorialen Gliederung mit Stolz erfüllt haben. Die Ansätze einer gewissen Autonomie unterer Gebietskörperschaften im Condorcet-Entwurf und das Festhalten am Einkammerparlament passten zu seinen Konzepten. Und in der neuen Menschenrechte-Erklärung fand er eigene Anliegen berücksichtigt, wie die Pflicht der Gesellschaft zur Sozialhilfe und zur Schaffung von Bildungseinrichtungen für alle.

Direkte Stellungnahmen von Sieyes zu den demokratischen Verfassungen sind nicht überliefert. Überhaupt sind die Spuren nach seinen beiden Niederlagen im Konvent spärlich. Bei der Verschärfung des Dekrets gegen die Emigranten stimmte er am 28. März 1793 einmal mehr mit den Montagnards. Der Abstimmung über die Anklageerhebung gegen Marat blieb er fern. Im Plenum schwieg er zur Gironde-Verfassung, zur Gefangensetzung des Konvents, zum Staatsstreich, zur Verhaftung führender Girondisten, zur Montagnarde-Verfassung, zur Verfolgung seines Freundes Condorcet. Was machte es für einen Sinn, zu Tauben zu predigen?

Sieyes über den Freiheitsbegriff: Total geschwiegen hat Sieyes indessen nicht. Er hat indirekt zu den beiden demokratischen Verfassungen doch Stellung genommen, und zwar im Fragment über den Freiheitsbegriff vom 8. Juni 1793 mit dem Titel *Des intérêts de la liberté dans l'état social et dans le système représentatif* (XXXII).

Darin unterschied Sieyes zwei Arten der Freiheit: die negative, passive, statische Freiheit und die positive, aktive, dynamische. Die erste zielt auf die Unabhängigkeit des Individuums von Menschen und Dingen (*indépendance*), die zweite auf die Fähigkeit zur Bedürfnisbefriedigung (*pouvoir*). Der Mensch ist ein bedürftiges Wesen, deshalb muss er aktiv sein. Das Menschsein erfüllt sich im Wechsel von Ruhe und Aktion, im Zusammenwirken von Unabhängigkeit und Macht.

Die Behinderungen der Freiheit sind endogener und exogener Natur. Zur ersten gehört beispielsweise die Unwissenheit, zur zweiten das Wetter. Keine Behinderung, sondern im Gegenteil eine Verstärkung der Freiheit erlangt der Mensch durch den Übergang vom Natur- zum wohlgeordneten Gesellschaftszustand. Das erste Geheimnis der wohlgeordneten Gesellschaft ist die gesetzliche Garantie gleicher Rechte.

Hier bricht der Text ab. Eine Fortsetzung war angekündigt, ist aber nie erschienen. Das zweite Geheimnis der wohlgeordneten Gesellschaft ist im Titel und gegen Schluss des Fragments angedeutet. Es ist die Repräsentation, - Repräsentation allerdings nicht nur politisch, sondern umfassend verstanden.[84] Die Menschen werden frei, freier, am freisten, wenn jeder das tut, was er am besten kann. Wer den Beruf zur Politik hat, der soll die Politik gestalten, der Lehrer soll lehren, der Bäcker bakken usw. Der Briefbote ist der Repräsentant für die effiziente Briefzustellung, so wie der Abgeordnete der Repräsentant in der Politik ist. Das zweite Geheimnis der wohlgeordneten Gesellschaft meint also die arbeitsteilige Wettbewerbs- und Leistungsgesellschaft mittels Repräsentation. Auf diese Weise wächst das Reich der Freiheit ins Unermessliche.

Das Fragment über den Freiheitsbegriff ist bemerkenswert. Pasquino[85] hat zu Recht auf die Nähe zum vielzitierten Essay über den negativen und den positiven Freiheitsbegriff von Isaiah Berlin hingewiesen.[86] Berlin scheint nicht gewusst zu haben, dass sein Gewährsmann Benjamin Constant von Sieyes beeinflusst war.[87]

Sieyes-Plan für Volksschulen: Nach den beiden persönlichen Niederlagen in Sachen Kriegsministerium und Verfassung engagierte sich Sieyes vor allem im Bildungsausschuss. Die öffentliche Schulbildung war schon immer eines seiner Hauptanliegen gewesen (II/121; IV/64). Zur Zeit lag das Bildungswesen im Argen. Die Bestimmung kostenlosen Schulunterrichts für alle in der Verfassung von 1791 war toter Buchstabe geblieben. Schulen, Kollegien und Universitäten waren im Gegenteil seit der Revolution fast überall geschlossen worden.

Bereits im September 1791 hatte Talleyrand einen Plan für den unentgeltlichen Primarschulunterricht unterbreitet. Er konnte von der Nationalversammlung nicht mehr beraten werden. Von der Legislative wurde er anschliessend als zu wenig demokratisch abgeschrieben.

Danach hatte Condorcet im April 1792 ein neues Projekt entworfen. Es sah fünf Bildungsstufen vor, alle kostenlos, religiös neutral und ohne Staatsmonopol. Dieser Plan stand im Bildungsausschuss des Konvents bis Mai 1793 im Vordergrund. Condorcet arbeitete eng mit Sieyes zusammen. Gemeinsam mit Duhamel gaben sie ab Februar 1793 eine Zeitschrift heraus, den *Journal d'instruction sociale*.

Ende Mai 1793, also zu einer Zeit, als der Stern von Condorcet am Verblassen war, wurde Sieyes Präsident des Bildungsausschusses. Nach dem Staatsstreich vom 2. Juni wurde der Ausschuss neu konstituiert. Sieyes nutzte die Chance und sprang in die Lücke. Er legte dem Ausschuss einen eigenen Plan vor unter dem Titel *Du nouvel établissement de l'Instruction en France* (XXXIII).

Sieyes befasste sich darin vor allem mit der ersten Stufe der Primarschule. Aufgabe des Staates soll sein, den kostenlosen Unterricht für alle zu gewährleisten, die Lehrer zu besolden und zwar bei gleichem Lohn, die Schulbehörden einzurichten, überhaupt für die gesamte Schulorganisation aufzukommen. Dagegen sollen Lehrinhalte und Lehrmethoden nicht Sache des Staates, sondern der Gelehrten sein. Auch darf es kein staatliches Schulmonopol geben; Privatschulen sind zuzulassen.

Waren die Schulen im *Ancien Régime* vor allem literarisch ausgerichtet, soll die Erziehung nunmehr ganzheitlich auch die moralischen, manuellen und körperlichen Fähigkeiten entwickeln. Dazu gehören auch der Gesundheitsunterricht und das Einüben angenehmer Umgangsformen. Pestalozzis Grundsatz "Kopf, Herz und Hand" lag offenbar in der Aufklärungszeit in der Luft. Gute Schulleistungen von Schülern und Lehrern sollen durch Auszeichnungen und Preise belohnt werden.

Der Unterricht ist nach Geschlechtern zu trennen, Lehrerinnen für die Mädchen und Lehrer für die Knaben mit gewissen Differenzierungen: militärischer Vorunterricht für die Jungen, Haushaltskunde für die Mädchen.

Alles in allem in Anbetracht von 3.6 Mio. Schülern und je einer Schule für tausend Einwohner, also insgesamt 3600 Schulen, ein gigantisches Projekt!

Trotz Konzentration auf die unterste Schulstufe bleiben nicht unerwähnt: Stipendien für Begabte zum Besuch höherer Bildungsanstalten, permanente Erwachsenenbildung, Lyzeen, Institute, Militärschulen, Nationalbibliothek, Nationaltheater, dezentralisierte Bibliotheken,

Theater, Kunst- und Gewerbemuseen, Botanische Gärten, Kulturgelände, Observatorien, Gelehrten- und Künstlervereinigungen usw.

Ein besonderes Kapitel widmete Sieyes den Festen, insgesamt 40 pro Jahr, 15 auf Kantonsebene, je 10 auf Distrikts- und Departementsebene und 5 nationale, darunter skurril anmutende wie das "Fest der Tiere als Begleiter des Menschen".

Ziele des aufklärerischen Bildungsprogramms sind *assimilation* und *adunation*. Die Assimilation der Individuen ist die erste Bedingung des Gesellschaftszustandes. Sie geschieht vor allem im Rahmen der Primärversammlungen. Adunation, d.h. die Ausrichtung auf das Gemeinwohl, ist die erste Bedingung der grossen nationalen Vereinigung in einem einzigen Volk. Die Feste sind ein wichtiges Mittel zur Förderung des Gemeinsinns.

Der Sieyes-Plan wurde im Bildungsausschuss gut aufgenommen; nur die Zahl der Feste wurde etwas zusammengestrichen. Im Konvent trug Lakenal das Projekt vor. Auch dort fand es zunächst ein günstiges Echo. Dann aber ritt der Deputierte Hassenfratz aus heiterem Himmel eine Generalattacke gegen Sieyes. Man muss sich daran erinnern, dass

Sieyes den Sansculottenfreund ein halbes Jahr zuvor mit seinem Plan zur Reorganisation des Kriegsministeriums verärgert hatte.

Das Projekt stamme gar nicht von Lakenal, wetterte Hassenfratz. Er sei nur vorgeschoben. Und nach bekannter Manier von wem vorgeschoben? Natürlich von keinem anderen als von Sieyes, - diesem Pfaffen, dessen Perfidie man zur Genüge kenne, - diesem Tartuffe, den er, Hassenfratz, beäuge wie Aspasia die Viper, um sich gegen das Gift zu schützen. Das ganze Projekt sei freiheitstötend. "Was will man aus den Franzosen eigentlich machen? Lauter Marionetten, Sänger und Tänzer?"

Obwohl sich Sieyes ausnahmsweise flexibel zeigte und das Projekt zweimal modifizierte, war es nicht zu retten. Offensichtlich ging es nicht um die Sache, sondern um die Person. Auf Antrag von Robespierre wurde das Ganze gestoppt und eine neue Kommission beauftragt. Obwohl vom Konvent gewählt, wurde Sieyes vom Wohlfahrtsausschuss abgesetzt. Das war die dritte und bitterste Niederlage von Sieyes im Konvent. Er war besiegt, schreibt Bastid.

Es war nur ein schwacher Trost, dass Robespierre später sein Festprogramm weitgehend kopierte (das Fest des Höchsten Wesens allerdings war nicht nach Sieyes' Sinn), und dass der Konvent im Dezember 1793 den obligatorischen und kostenlosen Volksschulunterricht beschloss. Freilich fehlte das Geld, um den Beschluss auch auszuführen. Und die Thermidorianer strichen ein Jahr später das Obligatorium und nochmals ein Jahr später die Lehrerbesoldung.

Sieyes während der Terreur: Mit der Absetzung von Sieyes ging es Robespierre überhaupt nicht um das Volksschulprojekt; er wollte Sieyes endgültig von der politischen Bühne verdrängen. Ein einziges Mal betrat Sieyes während der Herrschaft Robespierres das Rednerpult, um den Klerusstand abzuschwören (XXXIV). Das taten alle ehemaligen Kleriker des Konvents mit der Ausnahme von Abbé Grégoire. Aber Grégoire war ein Gläubiger, Sieyes im amtskirchlichen Sinn ein Ungläubiger.

Sieyes machte in seiner Erklärung denn auch geltend, dass er eigentlich schon 1789, mit der Kandidatur im Rahmen des Dritten Standes, den Klerus verlassen habe. Seitdem habe er kein kirchliches Amt mehr innegehabt.

Er sei zwar ein Opfer des Aberglaubens gewesen, niemals aber ein Instrument. Niemand habe unter seinem Irrtum je leiden müssen, niemand sei von ihm je getäuscht worden. Er anerkenne einzig den Kult der Freiheit und Gleichheit, die Religion der Liebe zur Menschheit und zum Vaterland. Als Zeichen des radikalen Bruchs mit der klerikalen Vergangenheit verzichtete er auf die lebenslängliche Pension, die ihm nach Gesetz zustand. Das Prokoll registriert immerhin Applaus.

Abgesehen von diesem Auftritt scheint Sieyes von der Machtergreifung bis zum Sturz Robespierres nicht mehr aktiv geworden zu sein, mindestens nicht offen (Juli 1793 bis Juli 1794). Nach dem Zeugnis seines Mentors Oelsner begab er sich regelmässig in den Konvent, wohnte in dessen Nähe, machte einsame Spaziergänge an der Seine und beschäftigte sich mit Musik. Er wurde nicht angeklagt, wohl aber überwacht. Ein in Latein abgefasster Brief aus Deutschland sorgte für Aufregung und erweckte Verdacht, - es war eine Zusammenfassung der Philosophie von Kant.

Robespierre sah das anders. Von ihm stammt die Charakterisierung als Maulwurf der Revolution: "Der Abbé Sieyes zeigt sich

"Der Verschwörer"
Karikatur von Sieyes

nicht an der Oberfläche; aber er agiert unablässig in den Souterrains der Versammlungen; er lenkt alles, bringt alles durcheinander; er durchwühlt die Erde und verschwindet; er gründet Faktionen, setzt sie in Marsch, treibt die einen gegen die andern und hält sich selbst heraus, um anschliessend, wenn ihm die Umstände konvenieren, daraus Profit zu schlagen."[88] Eine böse Karikatur dieser Zeit zeigt den vermummten Sieyes mit schwarzem Überwurf und breitem Schlapphut, wie er durch die Pariser Strassen schleicht und ein Komplott auszubrüten scheint.

Michelet kolportiert kritiklos das finstere Urteil von Robespierre über Sieyes.[89] Bastid nimmt ihn in Schutz.[90] Was hätte er denn tun können? Er war doch machtlos! Immer noch besser zu schweigen, als andere ans Messer zu liefern! Wie hiess doch das Stossgebet des evangelischen Pastors Friedrich Christoph Oetinger: "Gott gebe mir den Mut, Mögliches zu verändern; die Gelassenheit, Unabänderliches hinzunehmen; und die Weisheit, das eine vom anderen zu unterscheiden"? War Sieyes also weise?

Sieyes selbst sah sich als untadeligen, grundsatzfesten Menschen, als echten Freund des Vaterlandes, als einen Mann, der seinen Prinzipien in Wort, Schrift und Verhalten immer die Treue hielt, der sich nie hinter Vorhängen verbarg, sich immer zeigte, wenn er handeln wollte, nicht da war, wenn er sich nicht zeigte, und der sich, nachdem er zu Beginn der Revolution grosse Erfolge errungen hatte, schlicht und einfach in die Stille der Meditation zurückzog. So jedenfalls liest sich die *Notice* (XXXVI), der vorläufige Lebensbericht von Sieyes, sein vorläufiges Testament angesichts der möglicherweise für ihn vorbereiteten Guillotine. Die *Notice* wurde von Konrad Oelsner in glänzendem Stil verfasst, stützt sich aber auf die Gespräche mit Sieyes und muss dessen "nihil obstat" bekommen haben. Sie ist nach dem Sturz Robespierres in verschiedenen Fassungen veröffentlicht worden.

Die *Notice* enthält etliche interessante Bekenntnisse zum Leben von Sieyes, so etwa dass er im Selbststudium der Seminarzeit am meisten von Locke, Condillac und Bonnet gefesselt worden sei (S. 8); dass er sich bereits während der kirchlichen Dienste in Tréguier und Chartres von jeglicher Art abergläubischer Ideen und Gefühle freigemacht habe (S. 11f);

dass er nie eine Beziehung mit dem Duc d'Orléans gehabt habe (S. 23); dass seit seiner Rede gegen die Verstaatlichung der Kirchengüter vom 10. August 1789 bis zum Fluchtversuch der Königsfamilie am 20. Juni 1791 kein einziger seiner Pläne ohne Verstümmelung angenommen worden sei (S. 33), was freilich zu pessimistisch ist und, wie in diesem Buch zu beweisen versucht worden ist, für die Erklärung der Menschen- und Bürgerrechte von 1789 und die Verfassung von 1791 so nicht zutrifft; dass zwischen ihm und Robespierre niemals ein mündlicher oder schriftlicher Kontakt stattgefunden habe, Robespierre ihn zwar einige Male ohne Namensnennung angegriffen, er selbst aber immer geschwiegen habe (S. 65).

Die apodiktische Bestreitung von Kontakten und erst recht einer Kollaboration mit Robespierre hatte triftige Gründe. Denn 1794 machte ein bösartiges Gerücht die Runde, wonach Sieyes insgeheim der Inspirator der Terreur und Robespierre sein williger Ausführungsgehilfe gewesen sein soll. Eingebettet in glaubwürdig scheinende, aber frei erfundene Fakten kolportierte der Comte d'Antraigues, ein Emigrant im Solde fremder Mächte, das

Gerücht an einen englischen Diplomaten weiter. Dem Gerücht fügte er das verleumderische Urteil bei, sein Kollege aus der Zeit der Nationalversammlung sei "der schlechteste Mensch, der jemals existiert" habe. Die geheimen Depeschen gelangten zum englischen Aussenminister Lord Greenville und wurden ein Jahrhundert später unter seinen Akten auf Schloss Dropmore entdeckt. Die *Dropmore Papers* erlangten in der Folge eine zweifelhafte Berühmtheit. Guglielmo Ferrero ging ihnen prompt auf den Leim, während sie verschiedene andere Autoren - Aulard, Mathiez, Godechot - als Fälschung entlarvten.[91] Man darf es Sieyes glauben; er hatte mit Robespierre nichts zu tun.

Robespierre und Sieyes hatten zwar Gemeinsamkeiten[92]: Beide stammten aus katholischem Milieu, von daher wohl ihr Hang zum Dogmatismus, zu absoluten Wahrheiten. Beide hatten eine Abneigung gegen Montesquieu und die englische Mischverfassung. Aber Robespierre war begeistert von Rousseau, während ihn Sieyes verachtete. Der erste war Anwalt mit einer relativ schmalen Bildung, der zweite nach seiner formellen Ausbildung Theologe, aber dank seiner intensiven Selbststudien mit einer weit überdurchschnittlich breiten humanistischen Bildung ausgestattet. Der eine war vor allem ein Praktiker der Macht, ein begnadeter Redner, ein verführerischer Demagoge, aber ein unbegabter Schreiber, - der andere vor allem ein Theoretiker der Macht, ein begnadeter, in Stil und Gedankengang oft verknorzter, in guten Stunden brillanter Schreiber, selten ein zündender Redner, weil stimmschwach, spröd und ohne natürliche Ausstrahlung. Sieyes verachtete die Noblesse, kultivierte das Eigentum und setzte auf die Tugend der Aufgeklärten. Robespierre schien die Reichen zu verachten, die Armut zu kultivieren und auf die Tugend des ungebildeten Volksteils zu setzen. Robespierre neigte zu einer populistisch geführten "Demokratie", Sieyes stand mindestens bis zur Erfahrung der Terreur immer für ein rechtsstaatliches Repräsentativsystem ein. Sieyes wollte die Revolution dort anhalten, wo Robespierre sie mit Terror fortsetzte.

Auch fasziniert die *Notice* durch verblüffende Aphorismen, die ohne das polemische Beiwerk verdienen, festgehalten zu werden. Zum Beispiel: "Wir haben sie (die robespierreschen Monster - A.R.), sei es aus Mitleid oder

Emmanuel Joseph Sieyes
Porträt von Bréa
Um 1794

aus Unglauben, lächeln sehen zur Idee, dass sich ein Gesetzgeber über die Sphäre der Leidenschaften erheben und die verschiedenen Interessen, ohne an ihnen teilzunehmen, abwägen müsse, die Leidenschaften unterdrükkend und die Interessen mit Augenmass ausgleichend." (S. 58f) Oder: "Die Vernunft als Moral des Geistes und die Gerechtigkeit als Moral des Herzens sind für sie (die Monster - A.R.) gleichsam wie Farben für Blinde." (S. 59) Oder: "Sie (die Monster - A.R.) haben nicht die leiseste Ahnung, dass die *soziale Kunst* die Künstler-Philosophen tatsächlich in Bann ziehen und begeistern kann, so wie der Zauber der Malerei, die Freude an der guten Architektur, die Suche nach der schönen Harmonie sich des Musikers, des Architekten oder des Malers bemächtigt." (S. 59)

Trotzdem ist der Leser der *Notice* am Ende verstimmt. Sie wirkt zu misanthropisch, zu beleidigt, zu wehleidig, zu larmoyant, auch wenn man in den Querelen und Konflikten geneigt ist, die Partei von Sieyes zu ergreifen. Vor allem, sie ist zu egozentrisch, zu egoman. Kein Wort des Bedauerns, kein Anzeichen von Trauer über die wirklichen Opfer der Terreur, die mit ihrem Leben bezahlten, nicht einmal über seinen im Gefängnis verstorbenen Freund Condorcet.

Revolutionäres Regime: Das revolutionäre Regime war ein extremes zentralistisches Versammlungsregime unter der Führung des Wohlfahrtsausschusses. Nach der "Säuberung" des Konvents im Juni 1793 und der Ablösung Dantons durch Robespierre im Wohlfahrtsausschuss im Juli 1793 hatten die Jakobiner um Robespierre die Montagnards und den Konvent im Griff, - den Konvent, nicht Paris, nicht das Land und nicht den Krieg. Von allen Seiten bedrängt, den ausländischen Armeen, den Antijakobinern, den Gegenrevolutionären im Land draussen und den Sansculotten in Paris, sahen die Robespierrianer nur einen Ausweg: die Eskalation der Gewalt.

Im August 1793 verfügte der Konvent die *Levée en masse*, d.h. die Einberufung aller ledigen Männer im Alter zwischen 18 bis 25 Jahren. Dank diesem Aufgebot gelang es, die antijakobinischen Aufstände in Marseille, Lyon, der Vendée und anderswo zu ersticken, die Österreicher und die Engländer zu besiegen und sowohl das Elsass als auch Belgien zurückzuerobern.

Gleichzeitig machten auf der entgegengesetzten Seite des politischen Spektrums die Pariser Sansculotten Druck. Im September 1793 belagerten sie erneut den Konvent. "Gesetzgeber, setzt den Terror auf die Tagesordnung!", hiess ihre Parole. So geschah es. Das Terrorregime des Wohlfahrtsausschusses, mit dem Komitee für allgemeine Sicherheit und den Revolutionstribunalen als ausführenden Organen, wurde verschärft.

In zwei Konventsreden vom 25. Dezember 1793[93] und vom 5. Februar 1794[94] versuchte der Pragmatiker Robespierre, das revolutionäre Regime theoretisch zu unterbauen, indem er es vom konstitutionellen Regime abgrenzte. Damit verbunden war die Absicht, die Mitte zu halten zwischen den Gemässigten der "bürgerlichen Revolution" und den sansculottischen Extremisten der "proletarischen Revolution", mit einer deutlichen Schlagseite zur letzteren.

Unter dem konstitutionellen Regime verstand Robespierre die Demokratie bzw. die Republik. Die beiden Begriffe seien im Grunde Synonyme. Die Demokratie sah Robespierre nicht als einen Staat, in dem das ständig versammelte Volk selbst alle öffentlichen Angelegenheiten leitet; ein solches Regime habe es nie gegeben und würde unweigerlich zum Despotismus führen. Die Demokratie sei vielmehr ein Staat, in dem das von den Gesetzen geleitete souveräne Volk all das tue, wozu es geeignet sei, aber all das durch Repräsentanten tun lasse, wozu es nicht imstande sei. Es war offensichtlich ein Plädoyer für die halbdirekte Demokratie der Montagnarde-Verfassung.

Die halbdirekte Demokratie ist im Sinne Robespierres aber ein nachrevolutionäres Regime der gesicherten Freiheit. Das revolutionäre Regime ist dazu da, die Voraussetzungen dafür zu schaffen. Das Fundamentalprinzip der konstitutionellen Demokratie ist die Tugend, mit dem Patriotismus, d.h. der totalen Unterordnung der Privatinteressen unter das Gemeinwohl als der Kerntugend, von der alle anderen Tugenden abgeleitet sind.

Für das revolutionäre Regime genügt die Tugend allein nicht. Das ist der Moment, wo Robespierre mitten im rhetorischen Feuerwerk ganz kurz die Katze aus dem Sack lässt. Die unerlässliche Ergänzung zur Tugend ist der Terror. Ohne Tugend wäre der Terror verderblich, ohne Terror wäre die Tugend ohnmächtig: "Der Terror ist nichts anderes als eine rasche, strenge und unbeugsame Gerechtigkeit; er ist die Konsequenz der Tugend (*l'émanation de la vertu*)." Das revolutionäre Regime ist "der Despotismus der Freiheit gegen die Tyrannei".

Der Terror des revolutionären Regimes von Robespierre war in der Tat schrecklich. Annähernd 40'000 Männer, Frauen und Kinder fielen ihm zum Opfer. Unablässig tat die vom französischen Arzt Guillotin erfundene Maschine ihr tödliches Werk. Blasphemisch wurde das Blutbad durch pseudoreligiöse Feste übertüncht, das "Fest der Vernunft" in der Kathedrale Notre-Dame im November 1793 und das "Fest des Höchsten Wesens" unter der Leitung von Robespierre auf dem Marsfeld im Juni 1794. Man imitierte die Rituale der Katholischen Kirche, erkor Märtyrer, ehrte die Heiligen der Revolution im Pantheon, ersetzte den christlichen Kalender, sang im Jakobinerklub Choräle und las aus den heiligen Schriften Rousseaus und der Montagnarde-Verfassung.

Doch die Revolution frass nach einem Wort von Vergniaud ihre eigenen Kinder, zuerst die Girondisten, dann die Hebertisten, dann die Dantonisten und schliesslich die Robespierrianer. Marat wurde im Juli 1793 in der Badewanne erdolcht, Danton im April 1794 hingerichtet, und am 28. Juli 1794 rollten die Köpfe von Saint-Just und Robespierre unter der Guillotine. Ein Girondist hatte seinen Richtern prophezeit: "Ich sterbe in dem Augenblick, da das Volk die Vernunft verloren hat. Ihr werdet sterben, wenn es wieder zur Vernunft gekommen ist!"

Sieyes spielte beim Sturz Robespierres keine Rolle. Befragt, wie er die Zeit der Terreur verbracht habe, antwortete er: "J'ai vécu."

Republikanische Verfassung

Die "Thermidorianer", die Robespierre am 9. Thermidor des Jahres II (27. Juli 1794) gestürzt hatten, waren eine zusammengewürfelte Gruppe aus Montagnards und Zentristen, vereint einzig im Willen, mit der persönlichen Herrschaft Robespierres und dem willkürlichen Terror Schluss zu machen, aber uneins in der Frage, in welche Bahn die Revolution gelenkt werden sollte. Die Linksthermidorianer wollten die Montagnarde-Verfassung endlich in Kraft setzen; den Rechtsthermidorianern schwebte eine neue Verfassung vor. Von revolutionärer Begeisterung keine Spur. Ernüchterung herrschte vor, Katerstimmung nach dem Blutrausch. Am Konvent lag es, einen Ausweg zu finden.

Konvent der Thermidorianer: Unmittelbare Frucht des Thermidor-Staatsstreiches war die Mässigung des Revolutionsregimes. Zwar blieb der Wohlfahrtsausschuss im Amt, aber er wurde zurückgebunden und von den kompromittierten Mittätern des Terror-Regimes gesäubert. Auch die Revolutionstribunale überlebten unter gemilderten Umständen mit Verfahrensgarantien und Verteidigungsrechten. Die Hauptverantwortlichen des Terrors wurden verurteilt, die Gefangenen befreit. Die rehabilitierten Girondisten kehrten in den Konvent zurück, soweit sie nicht wie Brissot, Vergniaud, Condorcet und andere umgekommen waren; 64 von 73 hatten überlebt. Der Jakobinerklub musste schliessen. Der religiöse Revolutionskult wurde preisgegeben, die Kultusfreiheit garantiert, die Kirche vom Staat getrennt. Das Kriegsglück begünstigte weiterhin Frankreich: Besetzung des Rheinlandes, Eroberung Hollands, Friedensschlüsse mit Preussen und Holland, Errichtung der abhängigen Batavischen Republik in Holland, Vernichtung des Emigrantenheeres in der Bretagne. Paris tanzte wieder; die Theater waren voll besetzt mit neuem, antijakobinischem Programm.

Ruhe kehrte dennoch nicht ein. Der "weisse Terror" ersetzte den "roten"; er richtete sich nunmehr gegen Sansculotten und Jakobiner. Racheakte waren an der Tagesordnung, besonders in den Städten Paris, Lyon und Marseille. Die antirevolutionäre *Jeunesse dorée* machte die Strassen von Paris unsicher. Für die grosse Zahl Betroffener am schlimmsten war die Wirkung der neuen, liberalen Wirtschaftspolitik. Die Annullierung der Preisregulierung und die Freigabe der Importe förderten Inflation und Spekulation. Freie Marktwirtschaft ist allemal brutal. Die Armen hungerten und froren, ein Teil des Mittelstandes verarmte, und die Minderheit der Alt- und Neureichen gebärdete sich so rücksichtslos wie seinerzeit die privilegierten Stände.

Dagegen rebellierten nochmals die Sansculotten in den Germinal- und Prairial-Aufständen. Am 1. April 1795 (*Germinal*) stürmte die Menge den Konvent. Sie verlangte Brot und die Verfassung von 1793. Die Armee räumte den Saal. Am 20. Mai 1795 (*Prairial*) wiederholte sich der Vorgang, diesmal radikaler. Lärmend präsentierte der Mob dem Versammlungspräsidenten den aufgespiessten Kopf eines gelynchten Deputierten. Die Abgeordneten flohen mit Ausnahme von achtzig Montagnards. Wieder intervenierte die Armee, räumte den Saal und stellte die Ordnung wieder her. Das war das Ende der Sansculotten-Bewegung.

Die Repression folgte auf dem Fuss, mit Entwaffnung, Verhaftungen, Deportationen und Hinrichtungen. Die Montagnards schmolzen zur Bedeutungslosigkeit. Aus der Traum der demokratischen Verfassung! Die bürgerliche Revolution siegte über die proletarische.

Sieyes im Thermidor-Konvent: Nach dem Thermidor-Staatsstreich hielt sich Sieyes bis Ende 1794 bedeckt. Aber er bereitete zielstrebig seine Rückkehr in die aktive Politik vor. Zu diesem Zweck veröffentlichte er anfangs 1795 die *Notice* (XXXVI). Aus dem vorläufigen Testament war eine Rechtfertigungsschrift für das politische Comeback geworden. Kurz zuvor hatte ihn der Konvent wider seinen Willen zum Präsidenten einer Anklagekommissison gegen Linksthermidorianer gewählt. Die aufgezwungene Bürde behagte ihm nicht.

Er überliess es Saladin, den Kommissionsbericht vor dem Plenum zu vertreten. Dennoch machte der verurteilte Barère Sieyes persönlich für die "Inquisition" verantwortlich und bezeichnete den ehemaligen Abbé als blutdürstig.

Anfang März erfolgte die Wahl in den Wohlfahrtsausschuss. Mit einem Unterbruch im Juli, versah Sieyes dieses Amt während der folgenden Monate. Zusätzlich wurde ihm gegen seinen Willen Ende April für die üblichen vierzehn Tage das Konventspräsidium übertragen. Offensichtlich galt Sieyes im Konvent als eine Autorität, freilich eine ungeliebte. Gleich nach seinem Eintritt in den Wohlfahrtsausschuss wurde er in der Presse heftig angegriffen. Seit fünf Jahren agiere das "Lama Sieyes" wie ein Schutzengel, unsichtbar und unhörbar. Nun geruhe er huldvoll herabzusteigen, um "uns zu erretten und, aus reiner Wohlanständigkeit, unseren Weihrauch zu empfangen". Alle seine Intrigen seien in obskuren Boudoirs ausgeheckt worden, bei Unmengen von Champagner und am schlaffen Busen einiger perverser Frauenzimmer.

Die Mär vom Lama strafte Sieyes alsogleich Lügen. Voller Energie stürzte er sich in die Aufgaben als Mitglied des Wohlfahrtsausschusses. Erfolgreich plädierte er am 10. März 1795 im Konvent für die Amnestierung der Girondisten (XXXVII). In der Rede prägte er die oft zitierte Periodisierung des Konvents: Vor dem 31. Mai 1794 habe das getäuschte Volk den Konvent unterdrückt, danach sei bis zum 9. Thermidor das Volk vom Rumpfparlament tyrannisiert worden. Den antigirondistischen Putsch verurteilte er als schlimmstes Verbrechen.

Im Namen der Wohlfahrts-, Sicherheits- und Gesetzgebungsausschüsse stellte Sieyes am 21. März 1795 dem Konvent den Entwurf eines "Gesetzes der grossen Polizei" vor (XXXVIII). Hauptzweck des Gesetzes war der Schutz des Konvents gegen Demonstranten. *Gouverner c'est prévoir!* Der Gesetzgeber müsse vorausschauen, müsse sich für alle Fälle, auch die unwahrscheinlichsten, vorbereiten, müsse dem Verbrechen zuvorkommen, so dass es möglichst gar nicht zur Ausführung gelange. Man müsse den Feinden der Republik, d.h. den Royalisten und Anarchisten, das Handwerk legen. Die Erfahrung lehre, den Anfängen zu wehren, solange der Gegner noch schwach ist. Besser dem Verbrechen zuvorkommen, als es nachträglich reparieren. Die republikanische Verfassung verlange eine starke und aktive Regierung, welche die Gesetze in unwiderstehlicher Weise ausführt und ausführen lässt. Das vorgeschlagene Gesetz sei nicht zu verwechseln mit den schrecklichen Gesetzen der *Terreur*. Es sei im Gegenteil ein Garant für Sicherheit, Eigentum und Freiheit. Sieyes lobte die "glückliche Revolution" des 9. Thermidor. Hätte es das Gesetz vor dem antigirondistischen Staatsstreich gegeben, so wäre das Unglück gar nicht passiert.

Man liest die Rede wie die Paraphrasierung von Machiavelli: " (...) wer rechtzeitig vorbeugt, kann leicht heilen; wenn man jedoch wartet, bis die Unruhen ausgebrochen sind, kommt jede Medizin zu spät, denn die Krankheit ist unheilbar geworden. Es steht damit wie mit der Schwindsucht, die, wie die Ärzte sagen, am Beginn der Erkrankung leicht zu heilen und schwer zu erkennen ist, aber im Laufe der Zeit, wenn sie anfangs nicht erkannt und behandelt wurde, sich leicht erkennen und nur schwer heilen lässt. Ebenso verhält es sich mit dem Staatswesen; wenn man im voraus die darin aufkeimenden Übel erkennt (was nur dem Klugen gegeben ist), so kann man sie rasch kurieren; lässt man sie jedoch, weil man sie nicht erkannt hat, sich auswachsen, bis jeder sie wahrnimmt, dann gibt es kein Gegenmittel mehr."[95]

Es war eine zündende Rede. Und sie war wirkungsvoll. Hartnäckig verteidigte Sieyes Punkt für Punkt des Gesetzes gegen heftigen Widerstand aus den Reihen der Montagnards. Er gewann auf der ganzen Linie. Einmal mehr bewies er, dass er sich nicht nur auf komplexe theoretische Abhandlungen verstand, sondern in guten Stunden das Zeug zu überzeugungskräftiger Rhetorik besass. Das Gesetz gab wenige Tage später die legale Grundlage für die militärische Niederschlagung der Germinal- und Prairial-Aufstände.

Hauptsächlich war Sieyes im Wohlfahrtsausschuss aber mit der Aussenpolitik beschäftigt. Zusammen mit Merlin de Douai und Reubell bildete er die diplomatische Sektion, verstand sich aber selbstverständlich als Primus. Er hatte die aussenpolitische Vision eines starken Frankreich innerhalb natürlicher Grenzen, mit dem Rhein als Barriere zu Deutschland. Er wollte Bayern an Österreich und Hannover an Preussen binden, das Deutsche Reich durch Preussen als Vormacht einer grossen Föderation ausbalancieren, die aufgeklärte Monarchie Preussens als Freund gewinnen sowie im Norden und Osten Frankreichs Vasallen-Republiken einrichten. In der Tat ein Vorgriff auf die aussenpolitischen Träume Napoleons.

Der erste Schritt zu dieser Vision war der Basler Friedensschluss mit Preussen vom 5. April 1795. Der Vertrag war freilich bereits weitgehend unter Dach, so dass Sieyes nur noch ernten durfte. Preussen tolerierte bis zu einem allgemeinen Frieden die französische Besetzung des Rheinlandes und trat aus der antifranzösischen Koalition aus.

Der Friede mit Holland war dagegen das persönliche Werk von Sieyes. Eigens reiste er mit Reubell nach Den Haag. Er verhandelte äusserst hart. Frankreich anerkannte zwar die Batavische Republik und garantierte deren Unabhängigkeit, zwang sie aber in eine Defensiv- und Offensivallianz, verbot auf ewig einen Friedensschluss mit England ohne französische Zustimmung, sicherte sich Teile der holländischen Armee und Flotte unter französischem Kommando, erhielt das Recht auf militärische Stützpunkte und annektierte Flandern sowie andere bisher holländische Gebiete. Es war ein imperialistischer Diktatfrieden. Am

23. Mai 1795 feierte Sieyes seinen Triumph im Konvent (XXXIX). Am darauf folgenden Tag wurde er zum Professor für politische Ökonomie ernannt.

Sieyes, der sich gern mit seiner schwachen Gesundheit entschuldigte, bewies durch sein Engagement im Wohlfahrtsausschuss, dass er voller Energie steckte, wenn ihn eine prestigeträchtige Verantwortung lockte.

Vorbereitung der republikanischen Verfassung: Sieyes' Zurückhaltung bei der Vorbereitung der neuen Verfassung ist umstritten. Trotzdem die Montagnarde-Verfassung bestimmt nicht nach seinem Geschmack war, verteidigte er sie im Konvent am 24. März 1795. Sie sei als oberstes Gesetz zu respektieren. Bastid hält das eigenartige Votum für pharisäisch.[96] Es lässt sich durchaus freundlicher deuten. Denn immerhin war die Verfassung von 1793 in einer Volksabstimmung angenommen worden. Für den Legalisten Sieyes gab es keine andere legitime Rechtsgrundlage.

Am 3. April 1795 wurde vom Konvent ein siebenköpfiger Verfassungsausschuss mit Sieyes gewählt. Dieser hatte lediglich den Auftrag, die Verfassung von 1793 durch "lois organiques" zu ergänzen. Bereits am 18. April wählte der Konvent ein neues elfköpfiges Komitee. Sieyes musste sich zwischen dem Verfassungs- und dem Wohlfahrtsausschuss entscheiden; er optierte für den letzteren.

So tagte der neue Verfassungsausschuss ohne Sieyes. Unter dem Eindruck der anarchischen Germinal- und Prairial-Aufstände setzte sich im Ausschuss die Meinung durch, die demokratische Verfassung von 1793 fallen zu lassen und eine neue auszuarbeiten.

Auf Vorschlag von La Revellière beschloss das Komitee, über den eigenen Schatten zu springen und Daunou zu Sieyes zu schicken, um dessen Rat einzuholen. Jedermann wusste ja, dass Sieyes fast ohne Unterlass Verfassungspläne schmiedete. Aber obwohl Daunou Sieyes den Hof machte, war - nach dem Bericht von La Revellière - "diese frostige, stolze und eines generösen Gefühls unfähige Seele" nicht bereit, ihre Pläne preiszugeben. Kaltschnäuzig soll er geantwortet haben: "Ich habe diese Materien eingehend studiert. Aber ihr werdet nicht auf mich hören. Ich habe euch nichts zu sagen."

Nachdem die Kommission die neue Verfassung ausgearbeitet hatte, schickte sie Daunou ein zweites Mal zu Sieyes. Herablassend soll er gesagt haben: "Diese Arbeit ist nicht schlecht. Unter den geltenden Verfassungen gibt es, alles in allem, vielleicht keine bessere. Nichtsdestotrotz gäbe es dazu einige Vorhaltungen zu machen; aber es ist jetzt noch nicht der richtige Zeitpunkt dazu." Anscheinend wollte Sieyes seinen Plan erst im Plenum bekannt machen.

So lautet die Version von La Revellière. Bastid hegt Zweifel.[97] Er vermutet, dass La Revellière, der kein Freund von Sieyes war, ihm eine Falle stellen wollte, um ihn auszumanövrieren. Sieyes selbst schrieb, er hätte sich im Juni vier- oder fünfmal mit der Kommission getroffen.[98] Man kann gut nachvollziehen, dass er seine Vorarbeiten dem Verfassungskomitee nicht anvertrauen wollte und dass er darüber hinaus bis Anfang Juli im Wohlfahrtsausschuss voll beschäftigt war. Fortoul behauptet, unter den Sieyes-Papieren die Reinschrift eines Verfassungsentwurfs gesehen zu haben, welche der Verfassung von 1795 ähnlich gewesen sei. War es der verschollene Verfassungstext von 1793 oder ein neuer? Unglücklicherweise ist das Dokument im Sieyes-Archiv nicht auffindbar.

Wie dem auch sei, am 20. Juli und am 5. August 1795 trug Sieyes Fragmente seiner Verfassungsvision im Konvent vor. Diese beiden berühmten "Thermidor-Reden" gehören zu den wichtigsten Texten aus der Feder von Sieyes.[99]

Erste Thermidor-Rede: In der ersten Thermidorrede, der *Opinion sur plusieurs articles des titres IV et V du projet de constitution* (XL), kritisierte Sieyes den Kommissionsentwurf. Er vermische Legislativ- und Exekutivgewalt. Durch die Trennung von Antrag und Entscheidung gehe er zwar in die richtige Richtung, aber eben nicht genügend weit. Im übrigen sei der Entwurf zu lang; fünfzig Artikel genügten.

Frühere Ideen werden wieder aufgegriffen, vor allem die Unterscheidung der auf- und absteigenden Aktion (VIII/14; VIII/23; XIII/45), die Trennung von *pouvoir constituant* und *pouvoirs constitués* (II/77; TE/180f; IV/41; IV/75) sowie die Repräsentation. Letztere versteht Sieyes in einem umfassenden Sinne. Repräsentanten sind nicht nur die Volksvertreter im Parlament, sondern alle Staatsorgane und darüber hinaus die arbeitsteiligen Berufsgruppen im gesellschaftlichen Bereich. "Alles ist Repräsentation im Gesellschaftszustand." Der Postbote ist der Repräsentant zur Übermittlung eines Briefes. So wie im Privatleben derjenige am freisten ist, der andere für sich arbeiten lässt, so wird auch im öffentlichen Leben die individuelle Freiheit gesteigert, indem die Aufgaben auf verschiedene kompetente Repräsentanten verteilt werden. Arbeitsteilige Repräsentation im politischen und privaten Bereich erhöht die Freiheit und steigert den Wohlstand. Adam Smith lässt grüssen! Unbegrenzte, ungeteilte Bevollmächtigungen sind in der Politik ein Ungeheuer und im Privatleben ineffizient.

Ohne Namen zu nennen, wandte sich Sieyes gegen Bodin, Hobbes, Rousseau und die Montagnarde-Verfassung. Er verwarf die monarchische Souveränität von Bodin und Hobbes; es gebe nur die Volkssouveränität. Aber die Volkssouveränität ist nicht absolut wie bei Rousseau[100], sondern begrenzt wie bei Locke.[101] Der totalitären *ré-totale* stellte Sieyes die *ré-publique* entgegen. Bredin meint, Sieyes habe von der unbegrenzten zur begrenzten Volkssouveränität einen weiten Weg zurückgelegt.[102] Dem ist nicht so. Gesellschaftsvertrag und *pouvoir constituant* waren in der Sieyes'schen Theorie schon immer durch das Naturrecht und die Menschenrechte beschränkt (II/12f; II/69f; TE/180; IV/69). Die halbdirekte Montagnarde-Verfassung lehnte Sieyes ab, weil sie die volle Entfaltung des Repräsentationssystems verhindert. Es sei ein grosser Irrtum der "Freunde des Volkes" gewesen, den Repräsentanten, um die Freiheit zu bewahren, nur soviel Macht zu delegieren, als das Volk nicht selbst ausüben kann. Als ob der Briefschreiber mehr Freiheit besässe, wenn er selbst die Rolle des Briefträgers übernimmt. Das demokratische Element soll ganz oder überwiegend auf die direkte oder indirekte Wahl der Repräsentanten beschränkt sein.

Die eigentliche Innovation ist eine neue Gewaltenteilungslehre. Wiederum ohne den Autor zu nennen, wandte sich Sieyes gegen Montesquieu und verurteilte dementsprechend das amerikanische und erst recht das erbständische, englische Gewaltenteilungskonzept. Der Fehler dieses "Systems des Gleichgewichts oder der Gegengewichte" bestehe darin, dass es zwei oder mehreren Organen die gleiche Funktion zuweise. Dadurch drohe die Blockierung des Gesamtsystems.

Sein neues Gewaltenteilungskonzept nannte Sieyes "System des Wettbewerbs oder der organisierten Einheit". Das Grundproblem liege im richtigen Verhältnis von Einheit und Teilung. Totale Einheit führe zum Despotismus, totale Trennung zur Anarchie. Die Regel lautet: Trenne alles, was trennbar ist; vereinige alles, was vereint marschieren soll. Teile, um den Despotismus zu verhindern; zentralisiere, um die Anarchie zu vermeiden. Aber wie?

Ausgangspunkt im politischen Kreislauf sind die Primärversammlungen der Aktivbürger, welche die Repräsentanten direkt oder indirekt wählen. Die Initiative und Antragstellung ist zwei Organen anvertraut. Das *Tribunat* artikuliert die Bedürfnisse der Bevölkerung und setzt sie in Anträge um. Es besteht aus je drei Abgeordneten der Departemente, also bei 89 Departementen aus 267 Mitgliedern. Es tagt öffentlich. Die siebenköpfige Regierung (*gouvernement*) berät dagegen nicht öffentlich. Sie greift sowohl die Bedürfnisse des Volkes auf als auch Probleme, die bei der Gesetzesausführung auftauchen. Den Entscheid über die Anträge von Tribunat und Regierung fällt die gesetzgebende Körperschaft (*législature*). Sie bildet eine einzige Kammer, ist die mitgliederstärkste Versammlung mit je neun Deputierten pro Departement (insgesamt 801) und besitzt kein Initiativrecht. Idealerweise sollte sie eine annähernd gleiche Vertretung der drei gesellschaftlichen Kräfte - Landwirtschaft, Industrie und Künste - sicherstellen, eine uralte Idee von Sieyes[103], die er aber immer noch für verfrüht hielt. Die Verfassungsmässigkeit der Gesetze kann von einem Verfassungsgericht überprüft werden (*jurie constitutionnaire*). Es entspricht zahlenmässig drei Zwanzigsteln der gesetzgebenden Körperschaft. Nun kommt im politischen Kreislauf wieder die Regierung zum Zug, indem sie das Personal der ausführenden Gewalt ernennt und deren Aktionseinheit (*unité d'action*) gewährleistet. Der *pouvoir exécutif* ist von der Regierung getrennt und besteht aus den getrennt agierenden öffentlichen Beamten, welche einen Teil der Gesetze, die *lois directrices*, vollziehen. Endpunkt im Kreislauf ist das *Volk*, das den anderen Teil der Gesetze, die *lois protectrices,* ausführt und die "Wohltaten der Gesetze" empfängt.

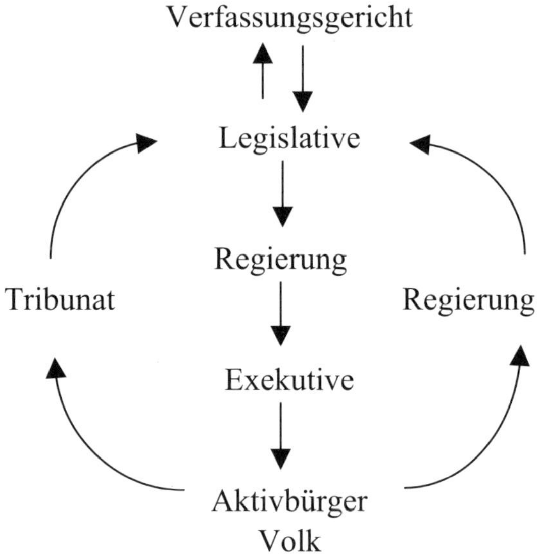

Erst in der Thermidorrede wird klar, was Sieyes meinte, als er bereits in den Frühschriften das Gewaltenteilungskonzept Montesquieus ablehnte (II/117f). Es besteht in der Trennung von Vorschlag und Entscheid. Tribunat und Regierung stehen miteinander im Wettbewerb, können sich aber nicht blockieren, weil ein Dritter über ihnen entscheidet. Die gesetzgebende Körperschaft ist gleichsam das Gericht, das über die Anträge der beiden Prozessführer urteilt. Sie kann ihre Macht nicht missbrauchen, weil sie nicht initiativ werden darf. Die Idee der Trennung von Vorschlag und Entscheidung stammt offensichtlich von Harrington.[104] Dass sich Sieyes von Harrington inspirieren liess, geht auch daraus hervor, dass er in seinen Manuskripten die Kuchenparabel verwendete.[105] Ein Kuchen wird gerecht zwischen zwei Mädchen geteilt, indem das erste teilt und das zweite wählt. Harrington übertrug die Parabel auf das Zweikammerparlament. Die kleine Kammer teilt, das heisst schlägt vor; die grosse Kammer wählt, das heisst entscheidet. Aber bei Harrington sind Regierung und kleine Kammer vereint, bei Sieyes getrennt. Und abweichend von Harrington verbietet Sieyes der grossen Kammer die Beratung noch nicht. In Harringtons Gewaltenteilungskonzept fehlt der Wettbewerb.

Im Montesquieu'schen Gewaltenteilungskonzept der englischen und amerikanischen Verfassung ist die gesetzgebende Gewalt auf die beiden Parlamentskammern und die Regierung verteilt. Jedes der drei Organe kann den Gesetzgebungsprozess lahm legen. Sieyes übertrieb, wenn er darin die Quelle eines permanenten Bürgerkrieges sah, wobei abwechselnd der eine oder der andere durch Korruption oder Terror dominiere. Anderseits überschätzte er die gesicherte Dynamik seines Konzepts; denn auch die gesetzgebende Körperschaft kann den Entscheidungsprozess blockieren.

Sieyes nannte sein Gewaltenteilungskonzept das französische System. Er hoffte, dass es über kurz oder lang von allen aufgeklärten und freien Völkern übernommen werde.

Zweite Thermidor-Rede: Mit der ersten Thermidorrede hatte Sieyes kein Glück. Sie war aber auch psychologisch höchst ungeschickt: ungeschickt in der Wahl des Zeitpunkts, - nachdem der fertige Verfassungsentwurf des Elferausschusses auf dem Tisch des Hauses lag, war der Zug bereits abgefahren; ungeschickt in der Gestik schulterklopfender Herablassung, - das musste den Verfassungsausschuss verletzen; und ungeschickt in der Art einer freilich faszinierenden akademischen Vorlesung, - das passte nicht zum Debattierstil des Konvents.

Doch Sieyes gab sich noch nicht geschlagen. Er versuchte, wenigstens das innovativste Stück seines Plans zu retten: den *Jury constitutionnaire*. Diesem widmete er die zweite

Thermidorrede mit dem Titel *Opinion sur les attributions et l'organisation du Jury Constitutionnaire* (XLI).

Der Text zeigt die Stärken und Schwächen eines unter Zeitdruck entstandenen kreativen Wurfs. Stark ist er in seiner Originalität, schwach in den Widersprüchen und Unausgereiftheiten. Lassen wir die marginalen Mängel beiseite und konzentrieren wir uns auf die originelle Substanz!

Die zweite Thermidorrede ist nicht nur eine Ausführung der ersten unter dem Aspekt der Verfassungsgerichtsbarkeit, sondern eine schöpferische Weiterentwicklung. Das betrifft vor allem die Funktionen des *Jury constitutionnaire*. Sieyes wies ihm nunmehr drei Funktionen zu: Verfassungsrechtsprechung, Verfassungsrevision und Billigkeitsrechtsprechung.

Verfassungsrechtsprechung: Dem offiziellen Verfassungsentwurf fehlte ein Wächter (*gardien*), der die Einhaltung der Verfassung überwacht. Sieyes unterschied *actes responsables* und *actes irresponsables* der Amtsträger. Verletzen die ersten die Verfassung, handelt es sich um *actes contre la loi*, für deren Ahndung die ordentlichen Gerichte zuständig sind. Die Verfassungsgerichtsbarkeit ist für die zweite Kategorie der Amtshandlungen vorgesehen. Sie sind *actes au-delà* oder *au dehors de la loi*, Amtshandlungen ohne Verfassungsgrundlage, Amtsanmassungen. Während der Bürger alles tun darf, was das Gesetz nicht verbietet, darf der Amtsträger nur aktiv werden, sofern und soweit ihn die Verfassung dazu ermächtigt. Überschreitet er die Grenze der Verfassung, so handelt es sich um Usurpation. Diese erklärt der *Jury constitutionnaire* als Verfassungsgericht für null und nichtig.

Aktiv legitimiert zur Verfassungsbeschwerde sind die beiden Parlamentskammern, d.h. gemäss dem offiziellen Verfassungsentwurf der Rat der Alten und der Rat der Fünfhundert, und zwar sowohl je die Mehrheit oder die Minderheit. Aktiv legitimiert sind aber auch Individuen, sofern sie ein "Motiv" haben. Die Verfassungsbeschwerde ist zulässig gegen Amtsanmassungen des Rats der Alten, des Rats der Fünfhundert, der Wahlmännergremien, der Wählerversammlungen und des Kassationsgerichts.

Verfassungsrevision: Der *Jury constitutionnaire* ist allein zuständig für Anträge zur Verfassungsergänzung und -änderung. Die Textpassage klingt wie ein Echo auf Burkes Sentenz: "Ein Staat, dem es an allen Mitteln zu einer Veränderung fehlt, entbehrt die Mittel zu seiner Erhaltung."[106] Die Verfassung, echote Sieyes, sei ein unvollkommenes Werk, wenn es nicht in sich selbst das Erhaltungs- und Lebensprinzip berge. Sie müsse zur unbegrenzten Vervollkommnung fähig sein, um ständig auf der Höhe der Zeit zu bleiben. Sie sei nicht das Werk einer einzigen Generation, sondern einer Abfolge von Generationen, nicht vergleichbar mit dem Menschen, der geboren wird, heranwächst, altert und stirbt. Sieyes plädierte für Partialrevisionen und gegen die Totalrevision, die wie Phönix aus der Asche steigt. Das Trauerspiel der in kurzer Zeit sich ablösenden, total revidierten Verfassungen von der monarchisch-republikanischen über die Gironde- und Montagnarde- zur Thermidor-Verfassung soll ein- für allemal beendet werden. Das war freilich ein frommer Wunsch. Burke sollte Recht bekommen, als er die Englische Revolution als Mutter einer stabilen Staatsverfassung rühmte, die Französische Revolution jedoch als "Pflanzschule künftiger Revolutionen" voraussah.[107]

Im Gegensatz zu den ersten revolutionären Verfassunggebungen von 1791, 1793 und 1795 soll inskünftig die Verfassungsrevision nicht einer einzigen Versammlung anvertraut werden. Vielmehr ist der *pouvoir constituant* auf drei Instanzen aufzuteilen und zwar folgendermassen: Zuerst stellt die Jury Anträge. Darauf stimmen die Bürgerversammlungen der *Assemblées primaires* im Sinne eines Auftragsreferendums ab. Ist die Mehrheit der Primärversammlungen dagegen, so ist das Verfahren zu Ende. Stimmt die Mehrheit zu, dann entscheidet die Legislative endgültig. Sie darf die Anträge jedoch weder ergänzen noch ändern, sondern nur insgesamt oder teilweise genehmigen bzw. ablehnen.

Sieyes suchte die Mitte zwischen Unrevidierbarkeit und permanenter Revidierbarkeit. Die Jury sammelt jährlich die Revisionsvorschläge in einem besonderen Register. Alle zehn Jahre prüft sie die Vorschläge und setzt sie gegebenenfalls in Anträge um. Diese werden drei Monate vor den Wahlen mit grosser Publizität den beiden Parlamentskammern mitgeteilt. Sodann findet gleichzeitig mit den Wahlen das Verfassungsreferendum statt. Man beachte, dass der streitbare Gegner der direkten Demokratie nun doch einen Schritt in diese Richtung tat.

Billigkeitsrechtsprechung: Die ersten beiden Funktionen dienen der Verfassung, die dritte, offensichtlich von England inspirierte, den Menschenrechten. Immer dann, wenn ein Gericht wegen einer Gesetzeslücke nicht urteilen kann oder aufgrund des Gesetzes gegen das eigene Gewissen urteilen müsste, kann es dem *Jury constitutionnaire* beantragen, dass er nach Billigkeit (*équité*) entscheide. Zu diesem Zweck wird jährlich mindestens ein Zehntel des Gremiums als *Jury d'équité naturelle* ausgelost. Die Ausführung des Urteils erfolgt durch die ordentlichen Gerichte.

Insgesamt besteht der *Jury constitutionnaire* aus 108 Mitgliedern. Die Amtsdauer beträgt drei Jahre mit jährlicher Drittelserneuerung. Die Wahl erfolgt durch Kooptation. Die Jury wählt jährlich einen Drittel aus den ausscheidenden Abgeordneten der beiden Parlamentskammern, d.h. 36 Mitglieder aus 250 Ausscheidenden. Erstmals müsste die Jury wohl vom Konvent gewählt werden. Wiederum ist Harrington präsent, und zwar nicht nur bezüglich der Trennung von Antrag und Entscheid, sondern auch der jährlichen Rotation eines Drittels der Jury.

Trotz Ungereimtheiten ist die zweite Thermidorrede eine Sternstunde der Verfassungsgeschichte. Gewiss gab es Vorläufer der Verfassungsgerichtsbarkeit; verfassungsgeschichtliche wie etwa den Maggior Sindaco der spätmittelalterlichen Republik Siena, den Rat der Zehn der Republik Venedig oder die Normenkontrolle in nordamerikanischen Gliedstaaten; ideengeschichtliche bei Hamilton[108] und bei französischen Autoren.[109] Aber niemand hat vor Sieyes ein Konzept der abstrakten Normenkontrolle ausgearbeitet. Sieyes ist ihr Erfinder. Oelsner sah im *Jury constitutionnaire* "eine der schönsten Entdeckungen der sozialen Kunst (...), ein Meisterwerk der Politikwissenschaft".[110] Die praktische Umsetzung in eine moderne Verfassung, aber im Sinne der konkreten Normenkontrolle, vollzog der amerikanische *Supreme Court* erstmals im Jahre 1803 im Fall Marbury vs. Madison.

Thermidor-Verfassung: Sieyes erreichte mit der zweiten Rede immerhin, dass der Konvent eine Stellungnahme des Verfassungskomitees verlangte. Bastid sieht in diesem Aufschub

Allegorie der Verfassung von 1795
Die Armee schützt das Direktorium

allerdings nicht mehr als einen Gnadenakt. Berlin und Thibaudau zollten Sieyes zwar Respekt, demontierten die Vorschläge aber nach Strich und Faden.[111] La Revellière konnte es nicht lassen, gegen die Person zu schiessen: "Nehmt euch in Acht vor Menschen, die (...) glauben, gross zu sein, obwohl sie nur bizarr sind (....) Hütet euch vor falschen Dienern des Freiheitskults. Sie wetteifern um Tiara und Weihrauch wie die Anhänger aller Religionen." Wieder einmal war Sieyes besiegt. Und er schwieg.

Die Thermidor-Verfassung war vor allem das Werk von Daunou und Boissy d'Anglas. Sie ist republikanisch, insofern sie nichtmonarchisch und nichtdemokratisch ist. Sie verzichtete weitgehend auf direktdemokratische Institutionen und setzte das allgemeine Männerwahlrecht ausser Kraft. Boissy d'Anglas meinte, Frankreich müsse von den Besten regiert werden, die Besten aber seien die Gebildetsten und die Eigentümer. Daunou machte geltend, die Nichteigentümer müssten von den politischen Rechten ausgeschlossen werden, weil Armut im allgemeinen Müssiggang und Faulheit bedinge. Nur zwei Abgeordnete opponierten, darunter Thomas Paine.

Dementsprechend wurde in der neuen Menschenrechte-Erklärung der Gleichheitssatz wieder auf die Gleichheit vor dem Gesetz eingeschränkt. Es gibt kein Recht auf Bildung, kein Recht auf Arbeit, kein Recht auf soziale Unterstützung, kein Widerstandsrecht. Erstmals wurde der Rechte-Erklärung eine Pflichtenerklärung beigefügt. Darunter figurieren die Goldene Regel, die Pflicht zur Kenntnis der gesetzlichen Pflichten, die Gesetzestreue, die Achtung der staatlichen Amtsträger, die Militärpflicht und - gut gemeint - die Pflicht, ein guter Vater, guter Sohn, guter Freund und guter Gatte zu sein.

Die territoriale Gliederung ist weitgehend beibehalten, aber unter Zurückbindung von Paris (Titel I). Das Zensuswahlrecht wird wieder eingeführt (Titel II). Angestellte (*domestiques*), Arme und Frauen sind von den politischen Rechten ausgeschlossen. Die Primärversammlungen wählen geheim die Wahlmänner, die Friedensrichter sowie die Amtsträger der Kantone und Gemeinden (Titel III). Für Wahlmänner ist der Zensus so stark erhöht, dass nur Reiche gewählt werden können (Titel IV). Die departementalen Wahlmännerversammlungen wählen die Parlamentsabgeordneten, die Richter, die Geschworenen sowie die Amtsträger der Departemente. Im ersten Wahlgang gilt das absolute Mehr; der zweite Wahlgang entscheidet zwischen den zwei Bestplazierten.

Als gesetzgebende Körperschaft wird erstmals ein Zweikammerparlament eingeführt (Titel V). Der Rat der Fünfhundert hat das Initiativrecht, der Rat der Alten entscheidet. Die Amtsdauer beider Räte beträgt drei Jahre mit jährlicher Drittelserneuerung. Wiederwahl ist erst nach einem Unterbruch von zwei Jahren möglich. Die Deputierten des Erstrats müssen mindestens dreissig, jene des Zweitrats mindestens vierzig Jahre alt sein. Zum letzteren sind zudem nur Verheiratete und Verwitwete zugelassen. Die Mitgliedschaft in einem der beiden Räte ist mit jedem anderen Staatsamt unvereinbar. Um den Fraktionszwang zu erschweren, werden die Sitzplätze monatlich ausgelost. Das Publikum ist nur in beschränkter Zahl zugelassen.

Die Exekutivgewalt (Titel VI) ist einem fünfköpfigen Direktorium anvertraut. Der Vorsitz wechselt vierteljährlich im Turnus. Jeder Direktor wird einzeln vom Rat der Alten aus zehn vom Rat der Fünfhundert vorgeschlagenen Kandidaten gewählt. Die Direktoren müssen mindestens vierzig Jahre alt sein. Ab dem Jahr 1803 sollen nur noch ehemalige Parlamentarier oder Minister gewählt werden. Die Amtsdauer erstreckt sich auf fünf Jahre mit jährlicher Fünftelserneuerung. Wiederwahl ist erst nach einem Unterbruch von fünf Jahren möglich. Das Direktorium besitzt keine Befugnis zur Gesetzesinitiative. Es hat vor allem starke aussenpolitische Kompetenzen und verfügt über die Streitkräfte. Die Direktoren können vom Rat der Fünfhundert vor einem Sondergerichtshof unter Anklage gestellt werden (Impeachment). Abgesehen von der Wahl und der Anklage-Erhebung ist das Direktorium vom Parlament unabhängig. Es gibt weder ein Interpellations- noch ein Absetzungsrecht. Amtssitz des Direktoriums ist das Palais Luxembourg.

Dem Direktorium sind sieben Minister für Inneres, Äusseres, Krieg, Marine, Justiz, Finanzen und Polizei unterstellt. Sie werden vom Direktorium gewählt und sind ihm allein verantwortlich. Sie bilden kein Kollegium.

Die rechtsprechende Gewalt (Titel VIII) ist unabhängig und allein für die gesamte Jurisdiktion zuständig. Es gibt keine Verwaltungs- oder Verfassungsgerichtsbarkeit.

Die Verfassungsrevision (Titel XIII) ist sehr erschwert. Die Verfassungsinitiative obliegt dem Rat der Alten und muss vom Rat der Fünfhundert bestätigt werden. Sie wird aber nur rechtskräftig, wenn der Rat der Alten die vom Rat der Fünfhundert bestätigte Initiative innert neun Jahren dreimal wiederholt hat. Ist das der Fall, wird eine verfassunggebende Versammlung gewählt. Der endgültige Entscheid wird in einem obligatorischen Verfassungsreferendum gefällt.

Die Thermidor-Verfassung ist durch eine strikte personelle und funktionelle Gewaltentrennung gekennzeichnet. Sie ist eine Verfassung der Besitzbürger, indem sie zum Zensuswahlrecht der Verfassung von 1791 zurückkehrt. Die direkte Demokratie der Montagnarde-Verfassung und erst recht der noch weitergehenden Gironde-Verfassung ist zurückgebunden; es bleibt nur das obligatorische Referendum zur Verfassungsrevision. Die negativen Erfahrungen der Zeit von 1791 bis 1795 wurden verarbeitet. Die Kollegialregierung, die schon die demokratischen Verfassungen von 1793 einführen wollte, soll jeden

Anschein einer königsähnlichen Einzelherrschaft meiden; eine Versammlungsdiktatur soll durch die Teilung des Parlaments verhindert, und den tumultartigen Saalbesetzungen soll durch die Publikumsbegrenzung vorgebeugt werden. Mit der Erschwerung der Verfassungsrevision wird ein Zeichen zur Beendigung der Revolution gesetzt. Innovativ ist die Trennung von Antrag und Entscheid sowie die doppelstöckige Regierung mit kollegialer Spitze.

Einzelne Elemente der Thermidor-Verfassung erinnern an das Modell Harringtons: Nichtföderales, nichtständisches Zweikammerparlament mit einer vorschlagenden und einer beschliessenden Kammer; Rotation durch beschränkte Amtsdauer von Parlament und Direktorium mit jährlicher Teilerneuerung und Unterbruch der Wiederwahlmöglichkeit; kollegiale Regierung.[112] Spuren Harringtons sind u.a. bereits in den Frühschriften von Sieyes festzustellen. Aber in den neunziger Jahren fand Harrington in Frankreich stärkere Beachtung. Theodor Leseur veröffentlichte 1792 ein Plagiat der *Oceana*, das in das Register der Konventsakten aufgenommen wurde.[113] Und 1795 erschien die erste französische Übersetzung des Gesamtwerks von Harrington in drei Bänden.

Die Beschränkung der Wahlberechtigung, die Rückbindung der direkten Demokratie, die doppelstöckige Regierung und die Erschwerung der Verfassungsrevision waren im Sinne von Sieyes. Die kollegiale Regierung erschien ihm so kurz nach der Abschaffung der Monarchie als vorübergehendes notwendiges Übel. Die Teilung von Antragsstellung und Beschlussfassung in der Gesetzgebung entsprach den Vorstellungen von Sieyes, nur mit dem Unterschied, dass er der antragstellenden Kammer einen anderen Namen geben (Tribunat) und den Entscheid der grösseren Kammer anvertrauen wollte. Im Gegensatz zur Thermidor-Verfassung wollte er der Regierung die Möglichkeit zur Gesetzesinitiative geben. Auch deshalb schien ihm das Direktorium zu schwach. Unglücklich war er bestimmt über die kategorische Ablehnung der Billigkeitsrechtsprechung und insbesondere der Verfassungsgerichtsbarkeit.

Sieyes konnte die Niederlage nie verwinden. Die ganze Verfassung blieb ihm ein Dorn im Auge. In einer späteren zynischen Wendung auf den stotternden Rapporteur Boissy d'Anglas umschrieb er sie verächtlich mit "ba-be-bi-bo-bu".

Die neue Verfassung wurde am 22. August im Konvent angenommen und nach dem Referendum am 23. September 1795 verkündet. Die Stimmbeteiligung war trotz dem noch geltenden allgemeinen Männerstimmrecht tief, tiefer sogar noch als 1793. Über 80 Prozent der Stimmberechtigten waren nicht interessiert.

Die Zeit des Direktoriums: Nach drei Jahren im verfassungslosen Zustand hatte Frankreich im Herbst 1795 endlich wieder eine Verfassung. Aber die republikanische Thermidor-Verfassung stand unter keinem guten Stern. Unter legalen und illegalen Krämpfen überdauerte sie gerade vier Jahre, und dies nur unter wiederholtem Beizug der Armee. Die Ursachen lagen weniger in der Schwäche der Verfassung oder des Direktoriums als im fehlenden Verfassungskonsens. Keine Verfassung vermag etwas auszurichten, wenn die Mehrheit nicht dahinter steht. Von den Jakobinern zur Linken und den Royalisten zur Rechten abwechselnd bedrängt, hatte die zersplitterte staatstragende Mitte einen schweren Stand.

Bereits die ersten Wahlen im Oktober 1795 waren mit einer im Verfassungsreferendum freilich abgesegneten Manipulation belastet. Der Konvent hatte nämlich nicht nur aus Sorge um die Stabilität, sondern durchaus auch in selbstsüchtigem Eigeninteresse ein Dekret erlassen, wonach zwei Drittel beider Kammern des neuen Parlaments aus den eigenen Reihen stammen müssten.

Kurz vor den Wahlen probten die Royalisten bereits den Aufstand. Die *Vendémaire*-Revolte wurde von der Armee blutig niedergeschlagen. Es gab über zweitausend Tote. Auf der Seite der Armee tauchte ein Name auf, der die Geschicke Frankreichs in den kommenden zwanzig Jahren massgeblich bestimmen sollte: Bonaparte.

Kaum schien die royalistische Bedrohung dank Zweidrittels-Dekret und Armee halbwegs gebannt, braute sich auf der Linken ein neues Gewitter zusammen. Es war die kommunistische Bewegung um Gracchus Babeuf, der die Abschaffung des Privateigentums, den Klassenkampf und eine Minderheitsdiktatur propagierte. Von Direktorium und Armee bedrängt, bereitete Babeuf aus dem Untergrund die proletarische Revolution vor. Die Verschwörung wurde im Mai 1796 aufgedeckt. Babeuf wurde mit seinen Getreuen verhaftet; ein Jahr später wurde er hingerichtet.

Bei der ersten Drittelserneuerung des Parlaments im April 1797 buchten die Royalisten einen Wahlerfolg. Wieder griff die Armee ein. Anfang September besetzte sie die Tuilerien. Das Parlament tagte andernorts unter militärischem Schutz. Artikel 43 der Verfassung lieferte den scheinlegalen Vorwand, um die Wahlen in mehr als der Hälfte der Departemente zu korrigieren. 140 Deputierte verloren das Mandat, 160 Emigranten wurden zum Tode verurteilt, 1500 refraktionäre Priester deportiert. Das war der *Fructudor*-Staatsstreich. Mitten in der Republik formierte sich die armeegestützte direktoriale Diktatur.

Im Frühjahr 1798 folgte der *Floréal*-Staatsstreich, nachdem bei der zweiten Drittelserneuerung des Parlaments die Linke die Wahlen gewonnen hatte. Wiederum wurden 143 Gewählte ausgeschlossen oder ersetzt. "Florealisieren" hiess fortan die Bezeichnung für solche Wahlfälschungen.

Der *Prairial*-Staatsstreich vom Juni 1799 und der *Brumaire*-Staatsstreich vom November 1799, welcher der Thermidor-Verfassung den Todesstoss versetzte, waren von anderer Art. Davon später!

Es ist gewiss eine realgeschichtliche Verzeichnung, die innenpolitische Entwicklung Frankreichs während der Thermidor-Verfassung auf die Staatsstreiche zu verkürzen. Aber verfassungsgeschichtlich sind sie nun einmal die entscheidenden Wegmarken auf dem Niedergang der republikanischen Verfassung.

Im Gegensatz zur von Krise zu Krise torkelnden Innenpolitik feierte Frankreich an der Aussenfront mindestens vordergründig Erfolg um Erfolg. Die Ausgangslage war bei Antritt des Direktoriums denkbar günstig. Die englischen Truppen hatten den französischen Boden verlassen müssen. Der von aussen geführte Bürgerkrieg ging zu Ende. Frankreich hatte mehr als die natürlichen Grenzen erobert. Preussen war aus der Koalition ausgeschieden, Holland mit Frankreich verbündet. 1796/97 führte Bonaparte seinen Siegeszug in Italien. Die Cispadanische Republik wurde ausgerufen. Auf eigene Faust handelte Napoleon den Frieden von Campoformio mit Österreich aus. 1798 folgten die Römische und die Helvetische Republik. Dank der Steuern aus den eroberten Gebieten vermochte Frankreich die

Wirtschaftskrise in Grenzen zu halten. Hätte sich Frankreich damit begnügt, wer weiss?

Aber der siegestrunkene Napoleon stürzte sich in das Ägypten-Abenteuer, das 1799 in einem Debakel endete. Gleichzeitig formte sich die zweite Koalition gegen Frankreich. Rückschläge in Italien, der Schweiz und am Rhein im Sommer 1799 waren die Folge. Erneut musste die *levée en masse* verfügt werden.

Sieyes zur Zeit der Direktorialverfassung: Im Oktober 1795 wurde Sieyes in neunzehn Departementen ins neue Parlament gewählt. Wiederum nahm er die Wahl von Sarthe an. Als Lediger musste er mit dem Rat der Fünfhundert Vorlieb nehmen.

Die Wahl des Direktoriums war getürkt. Die Kandidatenliste enthielt einige wenige bekannte Persönlichkeiten und viele Nonvaleurs, die keine Chance hatten. Sieyes wurde an vierter Stelle gewählt. Er lehnte ab. Warum? War er beleidigt, weil nur Vierter? Passten ihm die Kollegen nicht? Am meisten Stimmen hatte La Revellière erhalten, und der war Sieyes bekanntlich alles andere als gewogen. Anstelle von Sieyes wurde Carnot gewählt, ein Sympathisant der Royalisten. Ferner machten Letourneur, Reubell und Barras das Rennen. Der starke Mann war Barras. Auch das Angebot des Aussenministeramtes schlug Sieyes aus. Die zweite Geige mochte er nicht spielen. Eine Genugtuung war immerhin die Wahl ins Institut de France.

Sieyes langweilte sich im Rat der Fünfhundert. Einem deutschen Gast gestand er: "Mes moments sont ceux d'un paresseux." Von Geldsorgen geplagt, wohnte er in einem düsteren Appartement im dritten Stock der Rue Saint-Honoré 273. Zwar ging er regelmässig ins Parlament, aber meist nur für kurze Zeit. Er arbeitete an einem repressiven Pressegesetz mit, liess sich in einige temporäre Kommissionen wählen, intervenierte in Sachen Verwaltung, Unterricht, Kunst, Diplomatie und Finanzen, - aus seiner Sicht alles Kleinkram. Er vermisste die grosse Politik. Aber er frequentierte den "Club de Noailles" sowie die Salons von Merlin de Douai und Madame de Staël, pflegte, von der Polizei beschattet, Kontakte nach allen Seiten, auch zum Babeuf-Kreis und zu den Royalisten, sparte nicht mit Kritik an der schwächlichen Politik des Direktoriums, schloss Freundschaft mit dem Waadtländer

Benjamin Constant, dem neuen Stern am Firmament der politischen Schriftsteller, ...und hielt sich für grössere Aufgaben bereit.

In dieser Flaute der politischen Karriere kam ein harmloses Attentat wie gerufen. Ein ehemaliger Augustinermönch streckte Sieyes mit zwei Schüssen nieder. Es war höchstwahrscheinlich ein Einzeltäter, der nur auf Geld aus war, - kein Komplott. Nun war Sieyes wieder als Held der Stunde in aller Munde. Hohe Besucher erschienen am Krankenbett und drückten sich die Klinke in die Hand. Villers hielt im Parlament eine Eloge auf den Mann der ersten Stunde, der die gemeinsame Beratung der drei Stände durchgesetzt und am meisten zur Errichtung der Republik beigetragen habe. Er verlangte die tägliche Bekanntgabe eines Krankheitsbulletins, wie es sich für einen grossen Staatsmann geziemt. Ende Mai kehrte Sieyes unter dem Applaus des Hauses ins Parlament zurück. Er war so populär wie nie seit 1789.

Kaum genesen und im Prestige gestärkt, wurde Sieyes hyperaktiv, sobald sich der Fructudor-Staatsstreich abzeichnete. Er liess sich in mehrere Kommissionen abordnen, schob aber nach bewährtem Muster andere vor, diesmal Boulay de la Meurthe, der später ein kleines Buch über ihn schrieb. Sieyes machte sich stark für die Korrektur der Wahlen und entdeckte den neualten Ostrakismus wieder: Verbannung statt Guillotine. Er verlangte die Verbannung aller Adligen, musste sich aber unbefriedigt damit abfinden, dass ihnen nur die politischen Rechte aberkannt wurden. Dafür wurde er im November 1797 wider einmal zum Ratspräsidenten gewählt.

Zu dieser Zeit erschien der siegreiche General Bonaparte in Paris. Als erstem gab er Sieyes die Ehre eines Antrittsbesuches. Argwöhnisch beobachtete man, wie die beiden bei Diners mehrmals die Köpfe zusammenstreckten. Madame de Staël berichtet, dass sich Sieyes im Beisein Napoleons sogar von einer liebenswürdigen Seite zeigte. Offensichtlich tasteten sich die beiden gegenseitig ab. Sie schienen sich gut zu verstehen, obwohl Sieyes die fürstliche Hofhaltung des Generals beargwöhnte, die Kriegserklärung an die Republik Venedig falsch fand und mit dem eigenmächtigen Friedensschluss von Campoformio nicht einverstanden war. Er wollte keinen Fuss breit von Italien an Österreich verschenkt wissen und pochte auf den Besitz des Rheinlandes.

Bestimmt nicht selbstlos warnte Barras Napoleon; Sieyes wolle ihn nur benutzen. Die Umkehrung war gewiss auch nicht falsch. Bonaparte übergab Talleyrand zuhanden von Sieyes seine Abhandlung *Code complet de politique*. Zu Talleyrand sagte er: "Wir sind in der Politikwissenschaft sehr unwissend. Wir haben noch nicht geklärt, was unter Exekutiv-, Legislativ- und Judikativgewalt zu verstehen ist. Montesquieu hat uns die falschen Definitionen hinterlassen." War der Ruf der ersten Thermidorrede nicht bis nach Italien gelangt? Einig waren sich Sieyes und Napoleon bestimmt darin, dass die Regierung gestärkt werden müsse.

Im April 1798 wurde Sieyes von zwei Departementen wieder ins Parlament gewählt. Er liess jedoch das Direktorium wissen, dass er gern als Botschafter nach Berlin ginge. Es stimmte zu. Wahrscheinlich war es den Direktoren nicht unangenehm, den Rivalen in der Ferne zu wissen. Mit Aussenminister Talleyrand war Sieyes einig, dass seine Mission darin bestünde, Preussen, wenn nicht als Verbündeten, so doch mindestens als neutralen Freund zu gewinnen.

Der Empfang in Berlin war frostig. Emigrierte Adlige am Hof Friedrich Wilhelms III. hatten ausgestreut, der "Königsmörder" und renegate Priester wolle die Französische Revolution exportieren. Als revolutionärer Schriftsteller war Sieyes in Deutschland zu dieser Zeit wohlbekannt. 1796 waren in einer zweibändigen Werkausgabe seine gesammelten Schriften in deutscher Übersetzung erschienen. Selbst die *Notice* wurde sogleich nach Erscheinen ins Deutsche übertragen. So waren paradoxerweise die Schriften Sieyes' in Deutschland besser zugänglich als in Frankreich. Mit der Zeit erwarb sich Sieyes in Preussen doch einigen Respekt. Seine Hauptmission, Preussen aus der Koalition heraus zu halten, hat er erreicht. Bastid urteilt, er sei ein "grosser Botschafter" gewesen.

Sieyes gelüstete es nach mehr. Noch in Berlin, liess er sich im Mai 1799 ins Direktorium wählen. Wie ein Retter des Vaterlandes zog er im Triumph in Paris ein. Enthusiastisch schrieb Constant: "Ich betrachte Ihre Nomination als letzte Hoffnung der Republik (...) Sie werden mächtiger ankommen, als es ein Mensch seit der Revolution je war, stärker umgeben vom allgemeinen Wunsch, mehr ausgestattet mit dem universellen Vertrauen (...) Sie haben bereits eine beachtliche Revolution vollbracht; denn selbst die Mittelmässigkeit resigniert, wenn sie von einem Genie geführt wird."

Im Direktorium allerdings war Sieyes unerwünscht. Er wusste Rat. Mit einer fragwürdigen Intrige verbesserte er seine Position. Als Drahtzieher aus dem Hintergrund veranlasste er das Parlament, die drei Direktoren Treihard, La Revellière und Merlin im Juni 1799 zum Rücktritt zu zwingen. Dieser Staatsstreich vom *30. Prairial* war der dritte unter der Thermidor-Verfassung.

Das neue Direktorium mit Barras, Ducos, Gohier und Moulin wählte Sieyes zum Präsidenten. Benjamin Constant beglückwünschte ihn zur Wahl: "Sie sind immer meine Hoffnung und ich glaube an die Revolution, weil ich an Sie glaube." Mit starker Hand nahm Sieyes das Heft in die Hand. Er verfügte die Schliessung des Jakobiner-Klubs und zwang den von der Linken unterstützten Kriegsminister Bernadotte zum Rücktritt. Eine Pressekampagne gegen Sieyes folgte auf dem Fuss. In den Präsidialreden (XLIV-XLVIII) beschwor Sieyes die Revolutionen von 1789 und

1792, verurteilte die Zeit der Terreur und kämpfte mit Worten gegen die inneren und äusseren Feinde.

Während sich das Kriegsglück in Europa im Herbst wieder einmal zu Gunsten Frankreichs wendete, spitzte sich die innenpolitische Lage zu. Ein Staatsstreich lag in der Luft, von welcher Seite auch immer. Sieyes sah klar, dass er eines mächtigen Verbündeten bedurfte, um die innere Bedrohung durch linke Jakobiner und reaktionäre Monarchisten zu bewältigen. "Ich suche ein Schwert." Dieses war am 18. Brumaire zur Stelle.

Scheinrepublikanische Verfassung

Brumaire-Staatsstreich: "Ein Philosoph, kein Staatsmann", sei Sieyes gewesen. Dieses oft gefällte Urteil macht es sich zu einfach. Unbestritten ist die Leistung des politischen Theoretikers, ambivalent jene des politischen Praktikers. Der Politiker Sieyes war eine widersprüchliche Persönlichkeit: das eine Mal zaudernd, ängstlich und phlegmatisch, das andere Mal kühn und entscheidungsstark. Der Schlüssel zur Erklärung dieses Zwiespalts liegt auf der Hand: Wenn Sieyes eine realistische Chance für eigenes Handeln sah, kämpfte er mit ganzer Kraft an vorderster Front; wenn nicht, zog er sich hadernd und beleidigt zurück. Zweimal hat Sieyes Geschichte gemacht, am Anfang und am Ende der Revolution. Am 17. Juni 1789 wies er allein den Weg zur Revolution, am 18. Brumaire 1799 beendete er zusammen mit Bonaparte die Revolution. Ersteres war eine Revolution von unten, letzteres ein Staatsstreich von oben.

Bonaparte war nicht Sieyes' erste Wahl unter den Generälen. Aber Joubert fiel in der Schlacht von Novi, und Moreau verzichtete zugunsten Bonapartes. Dieser hatte soeben seine Truppe in Ägypten im Stich gelassen und wurde in Paris trotz der Niederlage von Abukir als Kriegsheld gefeiert. So kam es zur Schicksalsgemeinschaft zwischen dem "jungen Abenteurer" (Sieyes über Bonaparte) und dem "alten Mann in den Wolken" (Bonaparte über Sieyes).

In mehreren Begegnungen einigten sich die beiden. Es galt, das Direktorium auszuschalten, den Widerstand in den beiden Parlamentskammern zu brechen, die Thermidor-Verfassung ausser Kraft zu setzen und eine neue Ordnung mit starker Regierung zu diktieren. Mitverschwörer waren insbesondere Bonapartes Bruder Lucien, zur Zeit Vorsitzender des Rats der Fünfhundert, Talleyrand, Roederer, Boulay de la Meurthe und der Polizeichef Fouché.

Der erste Tag des Staatsstreiches, der 18. Brumaire 1799 (9. November), verlief nach dem Plan von Sieyes. Unter dem Vorwand einer drohenden jakobinischen Verschwörung beschliesst der Rat der Alten die Verlegung beider Parlamentskammern nach Saint-Cloud, d.h. in ungefährliche Distanz von der Pariser Bevölkerung. Ferner überträgt der Rat der Alten das Oberkommando der Pariser Truppen an Bonaparte. Lucien setzt den Rat der Fünfhundert von den Beschlüssen in Kenntnis, ohne ihm die Gelegenheit zur Debatte zu geben. Der Vorsitzende des Direktoriums, Gohier, beruft sein Gremium ins Palais Luxembourg ein, doch erscheint nur Moulin; Barras verzieht sich aufs Land, während Sieyes und sein Gefolgsmann Ducos das Geschehen in den Tuilerien verfolgen.

Am folgenden Tag versammeln sich die beiden Kammern in Saint-Cloud. Diesmal lassen sich die oppositionelle Minderheit im Rat der Alten und die oppositionelle Mehrheit im Rat der Fünfhundert nicht so leicht überrumpeln. Sieyes und Bonaparte harren der Dinge in einem Nebengebäude. Schon im Rat der Alten läuft die Sache nicht programmgemäss. Bonaparte erträgt das Warten nicht. Umringt von seinen Generälen, betritt er den Ratssaal, ergreift das Wort, spricht unvorbereitet ziemlich wirres Zeug und schleudert auf den Zwischenruf "Und die Verfassung?" den Abgeordneten ins Gesicht: "Ihr selbst habt sie zunichte gemacht. Ihr habt sie am 18. Fructudor gebrochen; ihr habt sie am 22. Floréal gebrochen; ihr habt sie am 30. Prairial gebrochen. Niemand mehr zollt ihr Respekt." Abrupt verlässt er den Saal, marschiert schnurstracks zum Rat der Fünfhundert, kommt dort im allgemeinen Tumult überhaupt nicht zu Wort, vernimmt entsetzt die Rufe "Nieder mit der Tyrannei! Nieder mit dem Tyrannen! Hors la loi!", flieht zurück ins Nebengebäude und spricht Sieyes ausser sich als General an: "Die wollen mich vogelfrei erklären!" Sieyes behält die Nerven. Er empfiehlt, die Truppen marschieren zu lassen. Diese räumen den Saal der Fünfhundert, nachdem Lucien das Gerücht eines Attentats auf Bonaparte ausgestreut hat.

Am Abend beschliessen der Rat der Alten und ein Häufchen des Rats der Fünfhundert die Einsetzung einer "konsularischen Exekutivkommission" mit den drei Konsuln Sieyes, Ducos und Bonaparte. Diese sollen zusammen mit einer je 25köpfigen Abordnung des Rats der Alten und des Rats der Fünfhundert eine neue Verfassung ausarbeiten. Nach Mitternacht leisten die drei Konsuln in jeder der beiden Kammern den Eid auf "die eine und unteilbare Republik, die Freiheit, die Gleichheit und das Repräsentativsystem". Der Staatsstreich ist vollzogen.

Verfassung von Bonaparte oder Sieyes? Wie 1795 wurde angenommen, Sieyes könne einen fertigen Verfassungsentwurf aus der Tasche ziehen. Auf die entsprechende Frage von Boulay de la Meurthe musste Sieyes indessen passen. Er hätte zwar einige Ideen, zur Ausarbeitung einer Verfassung fehlten ihm aber Zeit und Geduld. Man einigte sich darauf, dass Sieyes seine Ideen an de la Meurthe diktierte. Das handschriftliche Diktat ist unter dem Titel *Observations* überliefert.[114] Sieyes hat es eigenhändig mit Korrekturen versehen. Auf der ersten Seite hat er zunächst festgehalten: "Nichts ist unvollständiger und fehlerhafter als dieser in Eile diktierte Entwurf." Dann aber hat er diese Anmerkung wieder durchgestrichen und durch den folgenden Ingress ersetzt: "Nach diesen Ideen wurde die Verfassung geschrieben, unter dem Anschein der Zufriedenheit angenommen, dann geändert, mehr und mehr verfälscht, schliesslich Stück für Stück aufgehoben." Im Todesjahr von Sieyes hat Boulay de la Meurthe in Anlehnung an die *Observations* die Broschüre *Théorie constitutionnelle de Sieyes* veröffentlicht.

Man kann davon ausgehen, dass die *Observations* als Diskussionsgrundlage dienten, als die beiden Verfassungskommissionen zusammen mit den drei Konsuln in mehreren Nachtsitzungen die Verfassung ausformulierten, wobei sich bei den wesentlichen Abweichungen jeweils Bonaparte durchsetzte. Die folgende Analyse vergleicht die Verfassung von 1799 mit den *Observations* unter gelegentlichem Beizug der *Théorie constitutionnelle de Sieyes*.

Die Verfassung von 1799 und ebenso die *Observations* sind fragmentarisch. Es fehlen insbesondere ein Grundrechtekatalog, die territoriale Gliederung und die Regelung der Verfassungsrevision. Boulay de la Meurthe entschuldigte die Lücken im Sieyes'schen Konzept mit dem Hinweis auf frühere Texte, insbesondere die beiden Menschenrechte-Entwürfe (IX/X) und den *Aperçu d'une nouvelle organisation de la justice* (XVII), sowie auf später zu erlassende *lois organiques.*[115] Nach Bonaparte sollte eine Verfassung "courte et obscure" sein. Die Verfassung von 1799 erfüllte beide Eigenschaften.

Titel I befasst sich mit den politischen Rechten der Bürger. Im Gegensatz zur Thermidor-Verfassung wird das allgemeine Männerwahlrecht wieder eingeführt. Aber dieses Recht ist auf die Wahl der Wählbaren beschränkt (*liste de confiance, liste d'éligibles*). Die Bürger nominieren auf der Gemeinde-Ebene aus ihrem Kreis einen Zehntel als Kandidaten für die Gemeindeämter; dieser Zehntel wählt aus seinem Kreis wiederum einen Zehntel als Kandidaten für die departementalen Ämter; letztere wählen schliesslich aus ihrem Kreis einen Zehntel als Kandidaten für die nationalen Ämter. Unter der Annahme von etwa sechs Millionen Bürgern beträgt die Liste der Wählbaren auf der Gemeinde-Ebene somit 600'000, auf der Departementsebene 60'000 und auf der nationalen Ebene 6'000. Die drei Listen der Wählbaren sollen alle drei Jahre

Allegorie der Verfassung von 1799
Von Jacques Louis David

entsprechend der Zahl der Ausfälle erneuert werden; dabei sind auch Abwahlen möglich. Abgesehen von diesem auf die Kandidatenauswahl beschränkten Wahlrecht und dem einmaligen Verfassungsreferendum (Art. 95) besitzen die Bürger keine direktdemokratischen politischen Rechte. Die Verfassung beruht auf dem Repräsentativsystem.

Der Stufenbau der Wählbarkeitslisten entspricht den *Observations*. Sieyes griff dabei auf eine alte Idee zurück, die er in der Verfassung von 1791 nicht durchzusetzen vermocht hatte. Aber er präzisierte sie zu einem dreistufigen Pyramidenbau.[116] Das Vertrauen soll von unten durch die Wahl der "Notablen" kommen, Macht und Autorität aber von oben. Einmal mehr verteidigte er in den *Observations* das reine Repräsentativsystem gegen die absurde "démocratie brute"; es sei die höher entwickelte und für ein bevölkerungsreiches Land einzig mögliche Form. Insbesondere sei die Legislativfunktion repräsentativ zu gestalten. Darin liege der wesentliche Unterschied zur reinen Demokratie. Über ein Verfassungsreferendum schweigt der Sieyes-Text.

Titel II ist dem Senat gewidmet. Genau genommen heisst er "Sénat conservateur". Mit dem Beiwort ist seine Funktion als bewahrendes Element in der neuen Ordnung angesprochen. Er besteht aus 80 Mitgliedern. Sie müssen mindestens vierzig Jahre alt sein und werden auf Lebenszeit gewählt. Ein Viertel der Sitze soll anfangs unbesetzt bleiben, so dass in den ersten zehn Jahren je zwei Senatoren zugewählt werden. Die Wahl erfolgt durch Kooptation aus drei Kandidaten, die je von der gesetzgebenden Körperschaft, dem Tribunat und dem Ersten Konsul vorgeschlagen werden. Das Senatorenamt ist mit jedem andern Amt unvereinbar. Der Senat wählt die Gesetzgeber, die Tribune, die Konsuln, die Kassationsrichter und die Rechnungsführer aus der nationalen Notablenliste. Zudem amtet er als Verfassungsgericht. Die Sitzungen sind nicht öffentlich. Die Verfassung bestimmt Sieyes und Ducos als erste Senatoren. Sie ernennen erstmals zusammen mit dem zweiten und dritten Konsul die Mehrheit der Senatoren und andere Amtsträger, d.h. im Klartext die Mitglieder der gesetzgebenden Körperschaft und des Tribunats.

Der Senat heisst in den *Observations* "Collège des conservateurs". Er ist, einschliesslich seiner Funktion als Wahlbehörde und als Verfassungsgericht, eine Erfindung von Sieyes. Endlich gelang es ihm, den *Jury constitutionnaire* durchzusetzen, den er in den Thermidorreden vorgeschlagen hatte. Allerdings sind die Senatoren im Gegensatz zum *Jury constitutionnaire* der Thermidorreden auf Lebenszeit gewählt.[117] Und den *Observations* entsprechend hätte der Senat die Neumitglieder in freier Kooptation ohne Vorschlagsrecht anderer Organe bestellt. Der Senat sollte in den Augen von Sieyes die geistig-moralische Elite des Landes aus Wissenchaft und Kunst versammeln, um die "natürliche Oligarchie" der Reichen zu zügeln und den Einfluss der alten Aristokratie zu brechen.

Titel III handelt von der gesetzgebenden Gewalt. Im Sinne von Harrington ist sie einem Zweikammerparlament anvertraut, wobei die erste Kammer, das Tribunat, die Gesetze berät, aber nicht beschliesst, und die zweite Kammer, die gesetzgebende Körperschaft, die Gesetze in geheimer Abstimmung beschliesst, aber nicht berät. Die Begründung der Gesetze vor der gesetzgebenden Körperschaft erfolgt, Sparta ähnlich, durch je drei Tribune und Staatsräte. Das Tribunat besteht aus 100, die gesetzgebende Körperschaft aus 300 Mitgliedern. Die Amtszeit beträgt fünf Jahre. Jedes Jahr wird ein Fünftel erneuert. Im Gegensatz zum Tribunat sind die Abgeordneten der gesetzgebenden Körperschaft erst nach einjährigem Unterbruch wieder wählbar. Die erste Erneuerungswahl ist im Jahr 1801 vorgesehen. Die Sitzungen beider Kammern sind öffentlich, aber es werden höchstens 200 Personen zugelassen.

Die gesetzgebende Gewalt ist in den *Observations* nur beiläufig angesprochen. Aber Sieyes verteilte sie ebenfalls auf zwei Kammern, und aufgrund der ersten Thermidorrede kann man annehmen, dass er dem Tribunat die Beratung und der gesetzgebenden Körperschaft die Entscheidung zuweisen wollte. In einem wichtigen Punkt unterscheidet sich die Verfassung von 1799 von der ersten Thermidorrede: Dem Tribunat ist die Kompetenz zur Gesetzesinitiative entzogen. Auch in der *Théorie constitutionnelle* wird die Vorstellung von Sieyes deutlich, dass die drei Tribune und die drei Staatsräte die Gesetzesanträge in unter Umständen kontroversen Plädoyers vortragen sollten, und dass die gesetzgebende Körperschaft als stummer Schiedsrichter walten würde.[118]

Titel IV regelt die Regierung. Sie wird von drei für zehn Jahre gewählten und unbeschränkt wiederwählbaren Konsuln gebildet. Indessen verfügt der Erste Konsul allein über Entscheidungsgewalt; die beiden andern haben nur beratende Funktion. "Die Verfassung benennt" Bonaparte als Ersten, Cambacérès als Zweiten und Lebrun als Dritten Konsul. Der Erste Konsul verkündet die Gesetze. Er ernennt die Mitglieder des Staatsrats, die Minister, die Botschafter, die Offiziere, die Amtsträger der örtlichen Verwaltungen, die Staatsanwälte und, mit Ausnahme der Friedens- und Kassationsrichter, die Richter. Letztere kann er - offenbar im Gegensatz zu allen andern von ihm ernannten Amtsträgern - nicht abberufen. Die Regierung allein hat die Kompetenz zur Gesetzesinitiative. Sie erlässt Verordnungen, wacht über die äussere und innere Sicherheit und verfügt über die Streitkräfte. Der Regierung unterstellt sind ein Staatsrat und die Minister. Der Staatsrat redigiert die Gesetzesentwürfe und Verordnungen und löst Verwaltungsprobleme. Die Minister besorgen die Ausführung der Gesetze und Verordnungen.

Die grössten Abweichungen von den *Observations* diktierte Bonaparte in eigenem In-

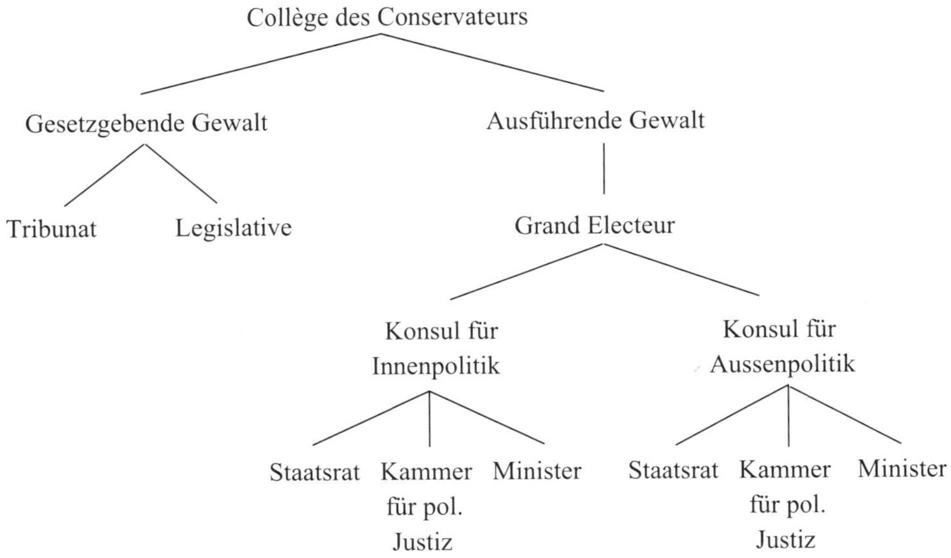
Collège des Conservateurs
Gesetzgebende Gewalt
Ausführende Gewalt
Tribunat
Legislative
Grand Electeur
Konsul für Innenpolitik
Konsul für Aussenpolitik
Staatsrat
Kammer für pol. Justiz
Minister
Staatsrat
Kammer für pol. Justiz
Minister

teresse zur Regierung und insbesondere zur Machtfülle des Ersten Konsuls. Anstelle des Ersten Konsuls sah Sieyes an der Spitze der Regierung einen *Grand Electeur* vor. Dieser sollte die zwei Konsuln und die Minister ernennen, die Regierung überwachen, die Einheit der Regierung gewährleisten und den Staat nach aussen repräsentieren. Aber er sollte nicht regieren. Wer den *Grand Electeur* wählt, hat Sieyes in den *Observations* vergessen. Gemäss der *Théorie constitutionnelle* sollte er vom Senat auf Lebenszeit gewählt werden, hätte aber durch den Senat auch abgesetzt und mit dem Senatorenamt abgefunden werden können.[119] Die Absetzbarkeit des *Grand Electeur* bzw. des Ersten Konsuls war für Bonaparte einer der grössten Steine des Anstosses; man musste ihm nachgeben.

Die Machtteilung erweiterte Sieyes auch in die Regierung hinein, indem der eine Konsul für die Innenpolitik, der andere für die Aussenpolitik zuständig sein sollte, wobei jedem Konsul ein Staatsrat und ein Teil der Minister unterstellt worden wäre. Abweichend von den *Observations* sollten die Minister gemäss der *Théorie constitutionnelle* von den Konsuln, nicht vom *Grand Electeur* bestellt werden.[120]

Das war im Sinne des Konzepts konsequenter: Der Grand Electeur ernennt die Konsuln, die Konsuln ernennen die Minister und die Staatsräte, die Minister ernennen die Funktionäre der zentralen Verwaltung und der Departemente, und die Departementsfunktionäre ernennen die Gemeindefunktionäre.[121]

Titel V befasst sich mit der Justiz, die in den *Observations* nur beiläufig erwähnt ist. In Titel VI wird festgehalten, dass der Senat, das Tribunat, die gesetzgebende Körperschaft und die Konsuln von niemandem zur Verantwortung gezogen werden können. Verantwortungsklagen sind aber gegen Minister möglich, und zwar nach Anklage-Erhebung durch Tribunat und gesetzgebende Körperschaft vor einem besonderen Hochgericht. Titel VII garantiert einzelne Grundrechte sowie den Vorrang der Politik über die Streitkräfte, regelt das Notstandsregime, hält an den Verbannungen fest (sofern nicht individuell rückgängig gemacht), belässt das den Emigranten entzogene Eigentum im Staatsbesitz und unterstellt die neue Verfassung einem Referendum.

Die Verfassung war am 13. Dezember 1799 fertiggestellt. Ohne Verzug wurde sie über Nacht gedruckt, am folgenden Tag verteilt und am 25. Dezember in Kraft gesetzt. Das Plebiszit fand nachträglich in den ersten Wochen des neuen Jahrhunderts statt. Im Gegensatz zu 1793 und 1795 erfolgte die Abstimmung offen, was ohne Zweifel dazu beitrug, dass es fast keine Gegenstimmen gab (0,5%) und die Stimmbeteiligung (rund 50%) höher war als 1793 (30%) und 1795 (20%).

In der Proklamation der Konsuln vom 15. Dezember wurde verkündet: "Bürger, die Revolution ist an den Prinzipien festgemacht, die sie ausgelöst haben; sie ist zu Ende." Festgemacht an den Prinzipien, welche die Revolution 1789 ausgelöst haben? Sicher nicht! Das autoritäre Verfahren der Verfassungsausarbeitung durch eine nicht legitimierte Kommission, die autoritäre Bestellung aller Amtsträger von oben, die Inkraftsetzung vor dem Plebiszit, die dominierende Rolle des Ersten Konsuls nicht nur in der Exekutive, sondern durch das Monopol der Gesetzesinitiative auch in der Legislative und durch die Ernennung der Richter sogar in der Judikative, die Bestellung aller zentralen und dezentralen Exekutivorgane durch den Ersten Konsul, die Verschiebung der ersten Wahlen ins Jahr 1801, die dann doch nicht stattfanden, - all das stempelt die politische Ordnung von 1799 zu einer Scheinrepublik. Montesquieu schrieb von einer Republik, die sich hinter der Form der Monarchie verbirgt.[122] Die Verfassung von 1799 schuf eine Diktatur, die sich hinter der Fassade der Republik versteckt.

Die Verfassung von Bonapartes Gnaden bewahrt zwar auf dem Papier viele Elemente des Konzepts von Sieyes: das Repräsentativprinzip, das Wahlrecht, die Wählbarkeitslisten, den Senat, das Tribunat als legislatives Beratungsorgan, die gesetzgebende Körperschaft als legislatives Entscheidungsorgan, den Staatsrat, die Verfassungsgerichtsbarkeit, die faktische Beibehaltung der territorialen Gliederung usw. Aber die Eingriffe Bonapartes bewirkten den Umschwung der anvisierten Republik in einen anderen, diktaturnahen Aggregatszustand. Nachdem Sieyes als Steigbügelhalter Bonapartes gedient hatte, wurde er beiseite geschoben. Verächtlich, aber in der Sache treffend, charakterisierte Bonaparte den Verfassungsarchitekten: "Sieyes glaubt, die Wahrheit allein zu besitzen. Wenn man ihm einen Einwand macht, antwortet er wie ein vermeintlich Inspirierter und alles ist gesagt."[123] Gegen das Machtwort Bonapartes hatte Sieyes keine Chance. Man kann gut verstehen, dass er angesichts der Niederlagen bei der Ausarbeitung der Verfassung mit dem Gedanken spielte, sein Projekt zurückzuziehen, zu drucken und an die öffentliche Meinung zu appellieren, oder sich aufs Land, wenn nicht sogar ins Ausland abzusetzen.[124] Er hätte Zweiter Konsul werden können. Doch Sieyes schlug das Angebot pikiert aus: "Ich will nicht Euer Adjutant sein."

Napoleons Aufstieg - Sieyes' Niedergang: Nach der Inkraftsetzung der Verfassung stärkte Bonaparte seine Macht von Tag zu Tag. Wie ein König installierte sich der Erste Konsul in den Tuilerien. Mit Erfolg setzte er zunächst auf eine Entspannungspolitik nach innen und aussen. Er konsolidierte die bürgerliche Revolution, verzichtete gegen den Rat von Sieyes auf Verbannungen, liess Emigranten und Proskribierte zurückkehren, bereinigte durch ein Konkordat den Konflikt mit der Römisch-katholischen Kirche und beendete den zweiten Koalitionskrieg. Durch die pseudodemokratischen Plebiszite von 1802 und 1804 festigte er seine Machtstellung. Das erste Plebiszit machte ihn zum Ersten Konsul auf

Lebenszeit, das zweite zum Kaiser der Franzosen. Rund die Hälfte der Stimmberechtigten nahm teil und schenkte ihm mit 98-99% das Vertrauen. Das Empire verdrängte die Republik.

Lucien veröffentlichte eine Broschüre *Parallèle entre César, Cromwell, Monk et Bonaparte*. Er vergass nur Washington. Während sich letzterer nach vierjähriger Präsidentschaft in den Ruhestand zurückzog, Caesar ermordet wurde (ein Attentat auf Bonaparte scheiterte), Cromwell die Macht seinem Sohn übertrug und Monk Charles II zum Thron verhalf, stürzte sich Kaiser Napoleon I in immer neue Kriegsabenteuer, - bis zum bitteren Ende, dem gescheiterten Russlandfeldzug, der Besetzung von Paris, der Abdankung, dem Zwangsaufenthalt auf Elba, der Rückkehr für hundert Tage, der endgültigen Niederlage von Waterloo und der Internierung auf Sankt Helena.

Der Aufstieg Napoleons bedeutete für Sieyes den Abstieg in die Machtlosigkeit. Die Auswahl eines grossen Teils der Senatoren, Tribune und Gesetzgeber war seine letzte politische Tat. Zwar durfte er im ersten Jahr nach dem Brumaire-Staatsstreich in skurriler Tracht als Senatspräsident posieren, aber das war von

Anfang an ein Ehrenamt im Schatten Bonapartes. In der Zeit des Konsulats scheint er noch, wenn man den Berichten der Spitzel Fouchés Glauben schenkt, gegen den selbstherrlichen Potentaten konspiriert zu haben. Im Empire erlahmte auch diese fruchtlose Aktivität. Die nicht gewählten Organe, Senat und Legislative, vermochten kein Gegengewicht zum Ersten Konsul bzw. Kaiser aufzubauen. Zu den Verfassungsbrüchen der nicht durchgeführten Wahlen, der Plebiszite, der Senatusconsultus-Dekrete und der Aufhebung des Tribunats schwieg Sieyes.

1814 unterschrieb er die Absetzungsaufforderung der Senatsmehrheit an den Kaiser. Doch zum Empfang des aus Elba Zurückgekehrten fand er sich in den Tuilerien ein. Und nach Waterloo unterstützte er den Besiegten. "Marschieren wir mit ihm", soll er gesagt haben. Im Vergleich zu einem Bourbonen erschien ihm Napoleon als das kleinere Übel. Patriotismus, Eigeninteresse oder beides? Das Verfassungsorakel hatte ausgedient. Nicht Sieyes, sondern Talleyrand entwarf für Louis XVIII. die *Charte constitutionnelle* vom 4. Juni 1814. Und nicht Sieyes, sondern Constant verfasste für Napoleon den *Acte additionnel* vom 22. April 1815. Politisch war Sieyes ab 1800 tot.

Für die zeitgenössischen Republikaner und die Nachwelt hat sich Sieyes durch den Staatsstreich gründlich kompromittiert. Der Wegweiser verliess seinen Weg. Vergessen die grossen Worte vom *pouvoir commettant* der die Nation verkörpernden Aktivbürgerschaft, vom *pouvoir constituant* eines zum Zweck der Verfassunggebung gewählten Konvents und von den *pouvoirs constitués* der gewählten Repräsentanten. Oder, wenn anfänglich nicht vergessen, sondern nur aufgeschoben, hat Sieyes jedenfalls die Fortdauer und Festigung der Diktatur stillschweigend hingenommen.

Kompromittiert haben ihn auch die Abfindungen und Ehrungen von Napoleons Gnaden: Schlossherr 1799, Mitglied der Académie française 1803, Grossoffizier der Ehrenlegion 1804, Grafentitel 1808, Grosses Ehrenkreuz 1813 und - Gipfel der Inkonsequenz - Erbpeer des Oberhauses 1814. Sieyes als erbadliges Oberhausmitglied! Er, der doch so vehement gegen den Erbadel und das englische Zweikammersystem gewettert und das englische Oberhaus als Denkmal mittelalterlichen Aberglaubens verhöhnt hatte! Wer den politischen

Denker schätzt, kommt leider um das Urteil nicht herum: Sieyes war am Ende käuflich. Mit einem lebenslänglichen Senatorensold und wertvollen Nationalgütern fürstlich abgefunden, mit eitlen Orden und Ehrentiteln geschmückt, wurde er dank Napoleon ein steinreicher Mann.

Verbannung und Tod: Der Abstieg in Machtlosigkeit und Vergessenheit war bitter genug. Aber es sollte noch schlimmer kommen. Nach der Restauration der Monarchie schloss Ludwig XVIII. Sieyes aus der Académie française aus, entzog ihm alle Titel und Pensionen und verbannte ihn zusammen mit den überlebenden "Königsmördern". Andere politische Denker hatten vor ihm das gleiche Los der Verbannung geteilt: Aristoteles, Averroes, Dante, Machiavelli, Giannotti, Spinoza. Unschuldig war Sieyes freilich nicht, hatte er doch selbst nach dem Fructudor- und dem Brumaire-Staatsstreich den Oistrakismus gegen politische Gegner empfohlen.

So zog der 68jährige im Jahr 1816 ins Exil nach Brüssel. Immerhin, darben musste er nicht wie andere Proskribierte. Er hatte sich während der Zeit des Konsulats und des Kaiserreichs ein ansehnliches Vermögen zusammengerafft. Eigentlich hätte er jetzt Zeit gehabt, seine Memoiren zu schreiben. Hochmütig verwarf er die Zumutung: "Wem könnte das von Nutzen sein? Unser Werk ist gross genug, um auf unsere Kommentare verzichten zu können." Aus dem zweiten Exiljahr stammt das geschönte Porträt des berühmten Malers, Jakobiners, dann Hofmalers Napoleons, Jacques Louis David, das auf dem Einband dieses Buches wiedergegeben ist.

Die Juli-Revolution von 1830 und der Übergang von den Bourbonen zu den Orléanisten unter dem Bürgerkönig Louis-Philippe ermöglichte Sieyes die Rückkehr nach Paris. Er wurde wieder in die Akademie aufgenommen. Von Alter und Krankheiten gezeichnet, war er nicht mehr aktionsfähig: "Ich sehe nicht mehr; ich höre nicht mehr; ich erinnere mich nicht mehr; ich bin gänzlich negativ geworden." Die altersbedingte Verwirrung trieb manchmal kuriose Blüten. Einmal meinte er: "Wenn Monsieur Robespierre kommt, sagen Sie ihm, ich sei nicht zuhause." Stolz auf sein Lebenswerk blieb er bis zum Ende: "La constitution c'est moi", erklärte er einem Besucher.

Ohne kirchlichen Beistand starb der ehemalige Abbé 1836 im hohen Alter von 88 Jahren. Eine kleine Trauergemeinde folgte dem Leichenzug zum Friedhof Père-Lachaise. Der Akademiepräsident würdigte Sieyes mit den Worten, niemand habe die Geistes- und Politikwissenschaften stärker zum Wohl der Freiheit angewandt.

Sieyes hat einen weiten politischen Weg voller Turbulenzen zurückgelegt: Vor der Revolution Abbé, während der Revolution Vertreter des Dritten Standes, dann der Reihe nach Mitglied der Nationalversammlung, des Konvents, des Wohlfahrtsausschusses, des Rats der Fünfhundert und des Direktoriums, dazwischen Botschafter in Berlin, nach der Revolution Konsul, Senator, Graf, Erbpeer und schliesslich Verbannter.

Auch in der politischen Theorie ist Sieyes in der kurzen Zeit von 1788-1799 einen weiten Weg gegangen. Zwar erfuhren die Geschichts-, Vertrags-, Interessen- und Repräsentationstheorie der vorrevolutionären Schriften (I-IV) keine grossen Veränderungen. Unverändert blieb im Wesentlichen auch die Menschenrechtstheorie (IX;X), das Konzept der territorialen Gliederung (VIII;XIII) und das Bildungskonzept (XXXIII). Stark gewandelt aber hat sich die Gewaltenteilungstheorie. Ihr soll das folgende Kapitel gewidmet sein.

Grundtypen der Gewalt

Sieyes unterschied drei Grundtypen der Gewalten: pouvoir commettant, pouvoir constituant und pouvoirs constitués.

Pouvoir commettant: Die auftraggebende Gewalt steht dem "Volk", genauer der Aktivbürgerschaft zu (IX/36; XII/16). Sieyes verband die Volkssouveränität mit der Gewaltenteilung. *Pouvoir commettant* bedeutet, dass die Wahlbürger die Gestaltung der Politik an Repräsentanten übertragen und ihnen zu diesem Zweck das Vertrauen schenken. Im Wort *commettre* steckt beides drin: Auftrag und Vertrauen. Das Vertrauen (*confiance*) kommt von unten.

Der ganze Komplex des *pouvoir commettant* muss auf fünf Fragen aufgeteilt werden: Wer wählt? Wer ist wählbar? Welche Ämter werden gewählt? Wer wählt letztlich die ausserordentlichen Repräsentanten des *pouvoir constituant* und die ordentlichen der *pouvoirs constitués*? Erstreckt sich die auftraggebende Gewalt auch auf Sachabstimmungen?

Wer wählt, also wer besitzt die Aktivlegitimation? Sieyes ist immer für eine Beschränkung des Wahlrechts eingetreten. In den vorrevolutionären Schriften ging er ohne nähere Begründung vom Zensuswahlrecht aus (TE/147; IV/51). Den Ausschluss der Frauen rechtfertigte er kurzerhand mit der Erklärung, es sei Aufgabe des Gesetzes, den Kreis der Wahlberechtigten festzulegen (TE/139). In der Nationalversammlung präzisierte er das beschränkte Männerwahlrecht durch die Unterscheidung von Passiv- und Aktivbürgern (IX/36f). Passivbürger sind alle Einwohner der Nation; ihnen stehen die für alle gleichen Menschenrechte zu. Politische Rechte, d.h. das aktive und passive Wahlrecht, besitzen nur die Aktivbürger.

Im Gegensatz zur Verfassung von 1791 bevorzugte Sieyes allerdings anstelle des Zwangsbeitrags eine freiwillige finanzielle Leistung als Tatbeweis des Gemeinsinns und des politischen Interesses (VIII/19f; XIII/21f). Auch bedauerte er den vorläufigen Ausschluss der Frauen, ohne die Konsequenzen zu ziehen (XIII/19f). Den Ausschluss der Bettler, Vagabunden und Lohnabhängigen fand er richtig (XIII/20; XXVII). Aber er plädierte für die schrittweise Ausweitung der Aktivbürger entsprechend dem Fortschritt der Aufklärung (XIII/20-22). Als 1793 das allgemeine Männerwahlrecht eingeführt und 1795 wieder abgeschafft wurde, äusserte er sich nicht. 1799 scheint ihm sogar eine erheblich stärkere Einschränkung des Männerwahlrechts vorgeschwebt zu haben. Wie anders könnte man sonst die sibyllinische Bemerkung in den *Observations* auslegen, es gebe zwar rund sechs Millionen Bürger, aber nicht einmal eine Million, die Mitglieder der *association politique* werden wollten?[125]

Wer ist wählbar, also wer besitzt die Passivlegitimation? 1789 schlug Sieyes für die Wählbarkeit einen im Vergleich zu den Aktivbürgern höheren Tribut vor (VIII/21), 1799 lehnte er dies als "aristokratisch" ab.[126] Wichtiger war ihm die Einführung einer zweiten Stufe der Wählbarkeit (XIII/24-33), indem die Aktivbürger in einem ersten Wahlakt die Wählbaren erküren sollten. 1789 vermochte er sich damit nicht durchzusetzen; aber zehn Jahre später hatte er Erfolg. Auch die Idee der *Radiation* wurde 1799 angenommen. Danach konnten Wählbare durch Abwahl aus der Liste gestrichen werden. Der 1799 angenommene Vorschlag war indessen differenzierter, indem die Urwähler einen Zehntel aus ihrem Kreis für die Gemeindeämter auf die Liste der wählbaren Notabeln setzten, die Gemeindenotabeln wiederum einen Zehntel aus ihrem Kreis für die Departementsämter auswählten und die Departementsnotabeln schliesslich einen Zehntel aus ihrem Kreis für die nationalen Ämter.

Wer wird gewählt, also welche Ämter sind die Objekte der Wahl? Die Wahl zu den Generalständen 1789 war eine Direktwahl. Für die Verfassung von 1791 schlug Sieyes die indirekte Wahl vor. Die Aktivbürger sollten aus der Notablenliste Wahlmänner bestimmen, die dann auf Departementsebene die nationalen Repräsentanten zu wählen hätten. Die Verfassungen von 1791 und 1795 übernahmen das Wahlmännersystem, während jene von 1793 und 1799 darauf verzichteten. 1799 hat Sieyes mit Erfolg eine andere Form der indirekten Wahl vorgeschlagen. Das führt zur nächsten Frage.

Wer wählt letztlich die Repräsentanten des *pouvoir constituant* und der *pouvoirs constitués*? Unter der Annahme der Volkssouveränität scheint es nur logisch, dass die Aktivbürger die nationalen Stellvertreter direkt oder indirekt von unten nach oben wählen. So wurde gemäss den Verfassungen von 1791 und

1795 gewählt, und so sollte gemäss den nicht in Kraft getretenen Verfassungen von 1793 gewählt werden. 1799 vollzog Sieyes einen eigentlichen Bruch. Er traute den Aktivbürgern nur noch die Wahl der Wählbaren zu. Der nicht durch Wahlen legitimierte *Collège des conservateurs* sollte dafür zuständig sein, aus der nationalen Notabelnliste die "Abgeordneten" der legislativen Organe und den obersten Chef der Exekutive von oben nach unten zu ernennen. Für die erste Ernennungsrunde setzte sich Sieyes gleich selbst an die Spitze des willkürlichen Auswahlgremiums. Die Verfassung von 1799 sah für die nächstfolgenden Runden die autoritäre Ernennung durch den *Sénat conservateur* vor, aber Bonaparte verhinderte die 1801 fällige Wahl der Wählbaren. Damit war, abgesehen von den verfassungswidrigen Plebisziten, der letzte Rest der Volkssouveränität verschwunden.

Erstreckt sich der *pouvoir commettant* auch auf Sachabstimmungen? Zwei Formen der direkten Demokratie sind denkbar: das imperative Mandat oder Initiative und Referendum. Sieyes lehnte grundsätzlich beide Formen ab. Das reine Repräsentativprinzip wertete er im Vergleich zur "démocratie brute" als höher entwickelte und für ein grosses Land einzig mögliche Form (II/19; II/23; II/116; TE/178f; TE/196; IV/73; XII/14-16; XIII/33-35; XL/5f; *Observations*[127]). Zwar unterstützte er in einer Frühschrift die Zulässigkeit allgemeiner Wähleraufträge (II/126), gab diese Auffassung aber sehr rasch zugunsten eines freien Mandats auf (VII; XII/12-19). Bezüglich des Referendums hat er ein einziges Mal ein Zugeständnis gemacht. In der zweiten Thermidorrede konzedierte er den Aktivbürgern ein Auftragsreferendum zur Verfassungsrevision (XLI/12). Das gemäss den Verfassungen von 1793, 1795 und 1799 angewandte Verfassungsreferendum hat Sieyes nie ausdrücklich gebilligt.

Pouvoir constituant: Die verfassunggebende Gewalt steht gemäss den frühen Sieyes-Schriften von 1788/89 einer allein zum Zweck der Verfassunggebung gewählten Versammlung ausserordentlicher Repräsentanten zu (IX/35f). Sie entscheiden endgültig ohne Verfassungsreferendum. Der Auftrag des *pouvoir commettant* schliesst die Ausarbeitung einer Menschenrechte-Erklärung ein. Die verfassunggebende Gewalt ist von den verfassten Gewalten zu trennen (II/77; TE/180f; IV/41;

IV/75). Sobald die Menschenrechte-Erklärung und die Verfassung erlassen sind, hat sich die Versammlung aufzulösen und werden die ordentlichen Repräsentanten der verfassten Gewalten gewählt.

Die verfassunggebende Gewalt ist nicht unbeschränkt. Über ihr steht das Naturrecht; dazu gehören die Menschenrechte und insbesondere die Eigentumsgarantie (II/12f; II/69f: TE/180; IV/69). Vom Naturrecht vorgegeben ist auch die Trennung von Staat und Gesellschaft. Die Volkssouveränität und damit der *pouvoir commettant* und erst recht der *pouvoir constituant* sind durch das Naturrecht begrenzt. In der ersten Thermidorrede doppelte Sieyes nach: Die Begrenzung der Volkssouveränität sei ein Kennzeichen der *ré-publique* im Gegensatz zur totalitären *ré-totale* (XL/7).

Unter Mitwirkung von Sieyes wurde die reine Lehre tatsächlich nicht eingehalten. Schon die Nationalversammlung (1789-1791) vermischte Verfassungs- und Gesetzesmaterien. Der Konvent (1792-1795) scheiterte in der Verfassunggebung und beanspruchte für sich sowohl die gesetzgebende als auch die ausführende Gewalt.

Auch in der Frage der Verfassungsrevision wurde die Sieyes'sche Lehre von der Praxis überholt. 1789 anerkannte Sieyes das Recht des Volkes zur Verfassungsrevision; aber er fand es gut, fixe Intervalle für die Revision vorzusehen, am besten 33 Jahre, d.h. die ungefähre Zeitspanne einer Generation (IX/Art. 42). Die Verfassung von 1791 erlaubte die Revision erstmals nach neun Jahren. Tatsächlich hatte die Suspendierung der Monarchie zur Folge, dass bereits ein Jahr nach Inkraftsetzung der Verfassung ein neuer Konvent einberufen wurde.

In der zweiten Thermidorrede verkürzte Sieyes das Intervall auf zehn Jahre und integrierte die Verfassungsrevision in die verfassten Gewalten. Er verteilte den *pouvoir constituant* auf drei Instanzen: den *Jury constitutionnaire* als antragstellendes, die Aktivbürgerschaft als auftraggebendes und die Legislative als entscheidendes Organ (XLI/12). Die Verfassung von 1795 hielt an der Einberufung einer verfassunggebenden Versammlung fest, setzte aber ein Intervall von mindestens neun Jahren ab Inkraftsetzung der Verfassung. Die erschwerte Verfassungsrevision war mit ein

Grund für die wiederholten Staatsstreiche unter der Thermidor-Verfassung.

1799 schlug Sieyes alle guten Vorsätze in den Wind und bot Hand zur Usurpation der verfassunggebenden Gewalt durch eine nicht legitimierte Kommission. In den *Observations* vergass er die Regelung der Verfassungsrevision. Gemäss der *Théorie constitutionnelle* wollte er die schrittweise Verbesserung der Verfassung dem *Collège des conservateurs* anvertrauen.[128]

Pouvoirs constitués: Die verfassten Gewalten sind an die Verfassung gebunden. Sie verteilt die Staatsmacht auf mehrere Gewalten. Im Vordergrund des Interesses von Sieyes stand die Trennung von gesetzgebender und ausführender Gewalt. Aber er liess keinen Zweifel an der Unabhängigkeit der Justiz.

Die gesetzgebende Gewalt ist an die Verfassung, die ausführende an Verfassung und Gesetze gebunden. Insofern ist die Exekutive der Legislative untergeordnet. Die Legislative ist gleichsam der Kopf, die Exekutive verkörpert die Hände (II/115). Letztere hat aber im Rahmen von Verfassung und Gesetz einen eigenen Zuständigkeitsbereich. Könnte der Gesetzgeber an der Gesetzesausführung teilhaben, herrschte Anarchie; könnte umgekehrt die Exekutive auch Gesetze erlassen, würde das System in die Despotie umschlagen (II/ 115).

Parlaments- und Regierungsmandat sind unvereinbar (II/125; TE/207; IV/56). Das Sieyes'sche Konzept zum Verhältnis von gesetzgebender und ausführender Gewalt ist aufgrund der personellen Trennung nichtparlamentarisch. Aber im Gegensatz zum präsidentiellen Typus der USA haben die Minister einen Sitz im Parlament, freilich ohne Stimmrecht.

Sieyes legte nicht nur Wert auf die Machtteilung zwischen den Gewalten, sondern auch innerhalb jeder Gewalt. Im Lauf der Jahre hat er die Unterteilungen wie die Rädchen einer Maschine durch ein immer ausgeklügelteres System vermehrt und verfeinert.

Verfasste Gewalten

Pouvour législatif: Bis und mit der Verfassung von 1791 setzte sich Sieyes für das Einkammerparlament ein. Er bekämpfte sowohl das englische als auch das amerikanische Zweikammerparlament (TE/167-172; XXVIII/6-12). Die Volksvertretung sollte allein die ganze gesetzgebende Gewalt innehaben. Die Regierung bzw. der Monarch sollte an der Gesetzgebung nicht beteiligt sein, weder in Form der Gesetzesinitiative noch des Gesetzesvetos (XII). Gegen den Widerstand von Sieyes beschloss die Nationalversammlung das suspensive Gesetzesveto des Königs.

1795 unterstützte Sieyes den Vorschlag der Verfassungskommission zur Einführung eines Zweikammerparlaments (XL/7-22). Doch die zweite Kammer entspricht weder der ständischen Englands noch der föderalen der USA; sie ist ebenfalls eine Volkskammer. Auch haben die beiden Kammern nicht die gleichen Funktionen. Die erste Kammer, das Tribunat, kann Gesetze vorschlagen, aber nicht beschliessen. Die zweite Kammer, die Legislative, beschliesst die Gesetze, darf sie aber nicht vorschlagen. Neben dem Tribunat besitzt auch die Regierung das Recht zur Gesetzesinitiative. Somit sind Tribunat und Regierung gleichsam Prozessgegner, die im Wettbewerb Gesetzesentwürfe einbringen, während die Legislative als Schiedsrichter darüber entscheidet. Der Konvent strich in der Verfassung von 1795 die Gesetzesinitiative der Regierung.

1799 unterbreitete Sieyes das gleiche Konzept mit dem Unterschied, dass die Legislative nicht einmal beraten durfte, sondern nach Anhörung der Tribunats- und Regierungsvertreter schweigend zur Abstimmung schreiten sollte.[129] In der Verfassung von 1799 wurde indessen das Initiativrecht des Tribunats gestrichen. Wie 1795 erhielt die Regierung kein Gesetzesveto.

Pouvoir exécutif: Die ausführende Gewalt soll mindestens keinen verbindlichen Anteil an der Gesetzgebung haben. Das Vetorecht der Regierung lehnte Sieyes in jeder denkbaren Form ab: das Verfassungsveto ebenso wie das Gesetzesveto, das absolute ebenso wie das aufschiebende (XII/20f). Mit Blick auf die Verfassung von 1791 wollte er dem Monarchen das Recht zur Gesetzesinitiative nicht zugestehen; nur unverbindliche Anregungen sollten ihm gestattet sein (XII/8). 1795 und 1799 stärkte er die Stellung der Regierung durch die Gesetzesinitiative.

Die Spitze der ausführenden Gewalt soll, wenn immer möglich, monokratisch sein. Davon machte Sieyes 1795 eine Ausnahme. Er schlug ein siebenköpfiges Direktorium vor

(XL/23). So kurz nach der Abschaffung der Monarchie war eine vom Parlament gewählte Kollegialregierung fast unvermeidlich, wie sie die Verfassungen von 1793 und 1795 denn auch vorsehen. Grundsätzlich bevorzugte Sieyes die Wahlmonarchie, konnte sich aber unter den Umständen von 1791 auch mit der Erbmonarchie anfreunden (XXX). Der *Grand Electeur* von 1799 ist im Grunde ein gewählter Monarch. Sieyes erfand nur einen neuen Namen, weil ihm die Erwähnung der Monarchie noch nicht opportun schien. Er entwarf verschiedene Modelle für die Wahl des Monarchen[130], war aber 1799 so misstrauisch gegenüber einer Wahl von unten, dass er den *Collège des conservateurs* erfand mit der Befugnis, den *Grand Electeur* auf Lebenszeit zu ernennen, aber auch abzusetzen.[131] Dieser ist kein Despot, weil mit beschränkten Kompetenzen ausgestattet; kein König, weil ohne Untertanen und an die Gesetze gebunden; nicht erblich und nicht regierend.[132]

Dass der oberste Chef der ausführenden Gewalt nicht selbst regiert, gehört zu den Konstanten im Denken von Sieyes. Er ernennt und entlässt die Minister bzw. die Konsuln, repräsentiert die Nation mit königlichem Glanz nach innen und nach aussen, ist aber nicht unmittelbar in die Regierungsgeschäfte involviert. Ausnahme: die Direktorialregierung der Verfassung von 1795.

Die Regierung ist mindestens zweistufig. Für die Verfassung von 1791 schlug Sieyes die zwei Stufen Monarch und Minister vor (XIII/36f; XXX), für jene von 1795 die zwei Stufen Direktorium und Minister (XL/12f). Er unterschied zwischen *gouvernement* und *pouvoir exécutif* im engeren Sinn. Die Minister sind gleichsam die Finger an der Hand des Königs; sie bilden kein Kollegium, sondern führen die Ministerien unabhängig voneinander (XIII/36f). Es gilt das Departementalprinzip. Mehrheitsentscheide sind "immer ein kapitaler Irrtum in der Hierarchie der Exekutive" (XXXV/22).

Für die Verfassung von 1799 hat Sieyes in den *Observations* und gemäss der *Théorie constitutionnelle* eine mehrstufige Exekutive vorgeschlagen. Jetzt ist sein ausdifferenziertes Gewaltenteilungsmodell vollendet: mit dem über allem thronenden Deus ex machina der geistigen Elite der Nation in Gestalt des *Collège des conservateurs*, welcher sich selbst durch Kooptation erneuert und die gesetzgebenden Organe sowie den *Grand Electeur* aus der nationalen Notabelnliste ernennt; mit dem aus Tribunat und Legislative bestehenden Zweikammerparlament; mit den vom *Grand Electeur* ernannten zwei Konsuln, der eine zuständig für die Innenpolitik, der andere für die Aussenpolitik; mit den von den Konsuln ernannten je drei Instanzen, d.h. dem für Gesetzesinitiativen zuständigen Staatsräten, den mit dem Impeachment betrauten *chambres de justice politique* und den für die Gesetzesausführung verantwortlichen Ministern.

Die Verfassung von 1799, die Bonaparte auf dessen Begehren eine diktatorische Machtfülle zuschanzte, hat das Gewaltenteilungskonzept von Sieyes gründlich verfälscht.

Justiz: Meines Wissens brauchte Sieyes den Begriff *pouvoir judicatif* nie. Das mag damit zusammenhängen, dass er die Rechtsprechung das eine Mal in die Nähe der Gesetzesausführung, das andere Mal in jene der Gesetzgebung (*législation de détail*)[133] rückte. Aber bereits in einer vorrevolutionären Schrift betonte er die Unabhängigkeit der Justiz (II/118f). Grossen Wert legte Sieyes auf Geschworenengerichte im Zivil- und Strafprozess (IV/47; IV/64). Er sah in ihnen Garanten gegen den politischen Missbrauch der Justiz; hier akzeptierte er ausnahmsweise das Vorbild Englands (TE/174). Im Entwurf der Menschenrechte-Erklärung forderte er den für alle gleichen Anspruch auf den Schutz der Freiheitsrechte, gleiche Bestrafung, Schutz vor willkürlicher Verhaftung und Gerichtsvorladung sowie gerichtlichen Rechtsschutz (IX/46f). Damit wandte er sich implizit gegen die geheimen Verhaftungsbefehle, die berüchtigten "lettres de cachet".

In zwei Texten hat sich Sieyes eingehend mit der Justiz befasst, im *Aperçu d'une nouvelle organisation de la justice et de la police en France* von 1790 (XVII) und in der zweiten Thermodorrede von 1795 (XLI). Der erste Text befasst sich mit der Zivil- und Strafgerichtsbarkeit. Sieyes forderte für beide Geschworenengerichte. Anstelle von Laiengeschworenen bevorzugte er "Gens de la loi", solange es noch keinen *Code civil* und keinen *Code pénal* gebe. Zudem sollten die Geschworenenbänke mit "pairs" besetzt werden, d.h. mit Personen, die aufgrund ihrer Berufs- und Lebenserfahrung mit dem jeweiligen Sachverhalt vertraut wären. Schliesslich postulierte er eine ungewohnte Teilung der Geschworenengerichte in einen "Conseil d'instruction" und einen "Conseil de décision". Alle vier Anliegen wurden von der Nationalversammlung abgewiesen. Doch im Sinne von Sieyes brachte die Verfassung von 1791 wesentliche Neuerungen: ein einheitliches System unabhängiger Gerichte, die durchgängige Berufungsmöglichkeit, den Schutz vor willkürlicher Verhaftung, ausgebaute Rechte der Angeklagten und die "Volkswahl" der Richter.

Der zweite Text befasst sich mit der Verfassungsgerichtsbarkeit (XLI). Darin konzipierte Sieyes die Normenkontrolle eines durch Kooptation aus den scheidenden Parlamentariern erneuerten *Jury constitutionnaire* mit dreijähriger Amtsdauer. Aktiv legitimiert für Verfassungsbeschwerden sollten einerseits die Mehrheit oder eine Minderheit jeder Parlamentskammer, anderseits betroffene Individuen sein. Angefochten werden konnten Amtshandlungen der beiden Parlamentskammern, der Wahlmännergremien, der Wählerversammlungen und des Kassationsgerichts. Ferner wollte Sieyes dem Verfassungsgericht die Billigkeitsrechtsprechung nach englischem Muster anvertrauen.

1795 hatte Sieyes keinen Erfolg. Aber in der Verfassung von 1799 wurde erstmals ein Verfassungsgericht eingeführt. Der Senat erhielt zusätzlich zur Wahlfunktion die Kompetenz zur Normenkontrolle (Art. 21). Im Gegensatz zum *Jury constitutionnaire* wurden die Senatsmitglieder auf Lebenszeit gewählt. Und im Gegensatz zu den Vorschlägen von 1795 wurde die Individualbeschwerde ausgeschlossen. Stattdessen erhielt neben dem Tribunat auch die Regierung das Recht zur Verfassungsbeschwerde.

Das Impeachment aller Verfassungen zwischen 1791 und 1799, d.h. die Anklage des Parlaments gegen Minister bzw. Mitglieder des Direktoriums vor einem nationalen Hochgericht, hat Sieyes meines Wissens erstmals 1799 vorgeschlagen. Er sah dafür je eine *Chambre de justice politique* für die Innenpolitik und für die Aussenpolitik vor, wo die Klagen gegen Minister, Staatsräte und Grossrichter hätten erhoben werden können.

Die zweite Thermidorrede wird in der Literatur zu Unrecht verkannt. Die darin enthaltene Konzeption der Verfassungsgerichtsbarkeit ist die wichtigste Innovation von Sieyes im Bereich der Justiz und eine der wichtigsten seiner politischen Theorie überhaupt. "Ein Meisterwerk der Politikwissenschaft", nannte sie Oelsner.[134]

Hauptcharakteristika

Mischverfassung: Mischverfassung bedeutet die Verteilung der Staatsmacht auf verschiedene Organe nach dem Muster "einer-wenige-viele". Sieyes hat die Mischverfassung nicht nur gekannt; er hat sie befürwortet. Davon zeugen drei Indizien. Das erste Indiz ist ein frühes *Inédit* mit dem Titel "Analyse des besoins publics".[135] Darin findet sich die Sentenz: "Die drei mehr oder weniger modifizierten Formen Monarchie, Aristokratie und Demokratie vereinigen sich in der wahren Verfassung." Die Legislative wird als aristokratisch bezeichnet; ihre Funktion ist das "Wollen". Die Administration ist monarchisch und hat das "Handeln" zur Funktion.

Ein zweites Indiz findet sich ebenfalls in einem *Inédit*, das wahrscheinlich aus der Zeit der Thermidorreden stammt.[136] Zwei Organe werden einander gegenübergestellt, wobei die Wenigen (*petit nombre*) beraten und die Vielen (*grand nombre*) urteilen. Das entspricht

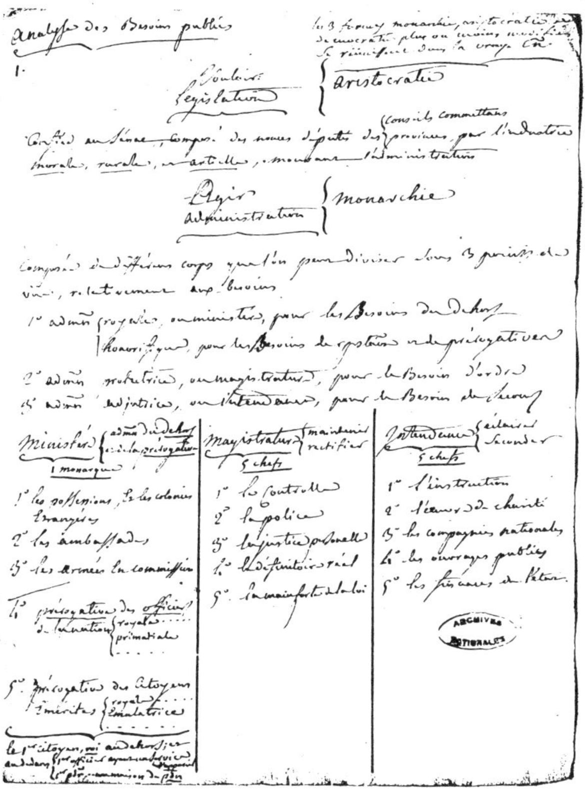

Sieyes als Mischverfassungsdenker
Fonds Sieyes, 284 AP3 D2.1

dem Tribunat und der Legislative der ersten Thermidorrede.

Das dritte Indiz hat mit der Schweiz zu tun. Im Jahre 1801 empfing der damalige Senator Sieyes den schweizerichen Innenminister Albrecht Rengger, der sich zur Besprechung des neuen helvetischen Verfassungsprojekts in Paris aufhielt. Bei dieser Gelegenheit soll Sieyes gesagt haben, "die Grundlage einer guten Verfassung müsse demokratisch, das Mittelglied aristokratisch und der Schlussstein monarchisch sein".[137]

Die Äusserungen von Sieyes zur Mischverfassung sind, obwohl selten, dennoch bemerkenswert. Wie Montesquieu[138] zog er es in der Regel vor, das Phänomen der gemischten Verfassung im neuen Gewand der Gewaltenteilung zu präsentieren. Aber im Gegensatz zu Montesquieu befreite er die Mischverfassung vom geburtsständischen Charakter des englischen Typs. Wie James Harrington[139] und John Adams[140] erkannte er die Mischverfassung auch in der besitzständischen oder nichtständischen Form, während James Madison[141] die amerikanische Verfassung als eine angeblich "ungemischte" wahrnahm. Sieyes markiert den

Übergang von der Mischverfassung zum neuen Paradigma der Gewaltenteilung.

Zeitliche Machtteilung: Montesquieu verlangte, den Grad der Macht eines Amtes durch die Kürze der Amtszeit zu kompensieren.[142] Die Republiken der griechischen und römischen Antike, des Spätmittelalters und der Renaissance kannten kurze Amtsperioden mit vorübergehendem oder endgültigem Wiederwahlverbot. Harrington beschränkte die Amtsdauer des Zweikammerparlaments und des Magistrats auf drei Jahre mit Unterbruch der Wiederwählbarkeit.[143] Wahrscheinlich angeregt von italienischen Stadtrepubliken der Renaissance, verfeinerte er die Rotation durch die jährliche Drittelserneuerung.[144]

Auch Sieyes legt grossen Wert auf die Rotation, und es scheint wahrscheinlich, dass er nicht erst in den 90er Jahren[145], sondern schon früher mit dem Werk Harringtons vertraut geworden ist.[146] Davon zeugt auch die Verwandtschaft der Sieyes'schen territorialen Gliederung des Landes mit derjenigen von Harrington (II/ 126f). Die Trennung von Vorschlag und Entscheidung im Zweikammerparlament nach Harrington'schem Vorbild hat er freilich erst 1795 vorgeschlagen.

Die Rotationsidee taucht bereits in einem *Inédit* um 1775 auf.[147] Die Amtsdauer des Parlaments beträgt danach fünf Jahre mit jährlicher Fünftelserneuerung. In den vorrevolutionären Schriften schlug Sieyes eine dreijährige Amtsdauer des Parlaments vor, mit jährlicher Drittelserneuerung und dreijährigem Unterbruch der Wiederwählbarkeit (II/127f; TE/207; IV/53). Die Verfassung von 1791 reduzierte die Amtsdauer auf zwei Jahre mit einmaliger Wiederwahlmöglichkeit. Die Verfassungen von 1793 wandten die gestaffelte Erneuerung auf die Regierung an, während sie die Amtsdauer des Parlaments sogar auf ein Jahr verkürzten. Den *Jury constitutionnaire* wollte Sieyes gemäss der zweiten Thermidorrede auf drei Jahre wählen lassen, mit jährlicher Drittelserneuerung (XLI/18f). Die Verfassung von 1795 beschränkte die Amtsdauer des Zweikammerparlaments auf drei Jahre mit jährlicher Drittelserneuerung und zweijährigem Unterbruch der Wiederwählbarkeit, jene des Direktoriums auf fünf Jahre mit jährlicher Fünftelserneuerung und fünfjährigem Unterbruch der Wiederwählbarkeit.

In der Verfassung von 1799 wollte Sieyes mehr Stabilität erlangen. Bisher hatte er die Stabilität vor allem in einer auf Dauer angelegten Verfassung gesucht. Die tatsächliche Entwicklung zerschlug diese Hoffnung. Nun setzte er neue Hoffnung auf die lebenslänglich gewählten Senatoren und den lebenslänglich ernannten *Grand Electeur*. Zudem verlängerte er die Amtszeit der beiden Parlamentskammern auf fünf Jahre mit jährlicher Fünftelserneuerung, verkürzte den Unterbruch der Wiederwählbarkeit in die Legislative auf ein Jahr und liess die unbeschränkte Wiederwählbarkeit der Tribune zu.[148]

Mit der Rotationsidee verfolgte Sieyes zwei Ziele: Einerseits lag ihm daran, eine möglichst grosse Zahl der Bürger an der Politik teilhaben zu lassen; anderseits wollte er dem Aufkommen eines Korpsgeistes, einer neuen Aristokratie und damit von Sonderinteressen einen Riegel schieben (TE/207; IV/74). Dennoch erwartete er von der gestaffelten Erneuerung ein Minimum an Kontinuität und Erfahrung.

Funktionell-personelle Machtteilung: Zu Beginn der Revolution unterschied Sieyes fünf Funktionen: Auftraggebung durch die Aktivbürgerschaft, Verfassunggebung durch die ausserordentlichen Repräsentanten, Gesetzgebung durch die ordentlichen Repräsentanten, Gesetzesausführung durch Regierung und Verwaltung sowie Rechtsprechung durch die ordentlichen Gerichte.

Am Ende der Revolution hatte Sieyes alle fünf Hauptfunktionen aufgesplittert: Die Auftraggebung einerseits in die Wahl der Wählbaren von unten durch die Aktivbürgerschaft und anderseits in die Ernennung von Parlament und *Grand Electeur* von oben durch den *Collège des conservateurs*; die Verfassunggebung in die Totalrevision durch ausserordentliche und die Partialrevision durch ordentliche Repräsentanten; die Gesetzgebung in den Vorschlag der ersten Parlalmentskammer und die Entscheidung der zweiten Kammer; die Ausführung in die Innen- und Aussenpolitik durch je einen Konsul; die Rechtsprechung in die Verfassungsgerichtsbarkeit durch den *Collège des conservateurs*, in die politische Gerichtsbarkeit durch die *chambres de justice politique* und in die Zivil- und Strafgerichtsbarkeit durch die ordentlichen Gerichte.

Immer galt im Sieyes'schen Konzept die völlige personelle Trennung der Funktionen.

Keine Person sollte mehr als ein Amt wahrnehmen dürfen.

Schon in einer vorrevolutionären Schrift wandte sich Sieyes gegen das "System der Gegenkräfte" (II/117f). Ohne den Namen zu nennen, hatte er dabei das Gewaltenteilungskonzept Montesquieus im Visier und mit ihm die englische und amerikanische Verfassung. Diese verteilten die Gesetzgebung auf beide Parlamentskammern und den Monarchen bzw. den Präsidenten. Jede Parlamentskammer hatte ein gesetzgebendes Gestaltungsrecht und ein wechselseitiges Vetorecht, der Monarch ein absolutes, der Präsident ein aufschiebendes Veto.

Diesem "System des Gleichgewichts oder der Gegengewichte" stellte Sieyes das "System des Wettbewerbs oder der organisierten Einheit" gegenüber. Was er damit meinte, kommt am klarsten in der ersten Thermidorrede zum Ausdruck (XL/4-10). Er meinte, dass jede Funktion in der Regel einem einzigen Organ anvertraut werden soll. Wenn ausnahmsweise die gleiche Funktion doch zwei Organen zugewiesen wird, muss über ihnen ein Schiedsrichter eingesetzt werden. Dementsprechend entscheidet im Konzept von 1795/99 die Legislative über die Gesetzesinitiativen, die im Wettbewerb von Tribunat und Regierung vorgebracht werden.

Das meinte Sieyes mit der Sentenz: "(...) Totale Einheit ist Despotismus, totale Teilung ist Anarchie. (...) Man muss alles trennen, was trennbar ist und alles zusammenbringen, was zusammengehört. (...) Teile, um den Despotismus zu verhindern, zentralisiere, um die Anarchie zu vermeiden." (XL/3f) Unbegrenzte Gewalten sind in der Politik ein Ungeheuer (XL/ 6). Die *unité d'action* darf nicht mit der *action unique* verwechselt werden. Sieyes war für die erste. Sie ist vergleichbar mit dem Hausbau, an dem verschiedene Handwerker mit verschiedenen Funktionen zur Verwirklichung des gleichen Ziels arbeiten. Unzweckmässig wäre, wenn alle ohne Arbeitsteilung die gleichen Arbeiten verrichten oder zwei Equipen das Gleiche tun würden (XL/9). An anderen Stellen verglich Sieyes den Staat mit einer Maschine, in der jedes Rädchen eine bestimmte Funktion hat und keines das andere blockieren kann. Das bedeutet Gewaltenteilung im Sinne von Sieyes.

Manches in der politischen Theorie von Sieyes hat keine bleibenden Spuren hinterlassen. Nie funktioniert haben beispielsweise die Wählbarkeitslisten. Nicht durchgesetzt hat sich die Harrington'sche Trennung von Vorschlag und Entscheidung im Zweikammerparlament, erst recht nicht in Gestalt einer stummen zweiten Kammer. Obsolet sind aus heutiger Sicht das Zensuswahlrecht, der elitäre *Collège des conservateurs*, die Vision eines korporativistischen Parlaments mit Vertretungen von Landwirtschaft, Industrie und Dienstleistungssektor, der nach Bevölkerungszahl, territorialer Grösse und Steuerkraft gemischte Wahlkreisschlüssel oder die Trennung von Aussen- und Innenpolitik. Anderes hat Sieyes selbst nur vorübergehend als zeitbedingte Konzessionen vertreten, so die Kollegialregierung und das auftraggebende Verfassungsreferendum.

Gewichtiger sind jene Marksteine der politischen Theorie von Sieyes, die zum Grundbestand jeder modernen Staatslehre gehören: Menschenrechte, geschriebene Verfassung, Repräsentation, Gewaltenteilung, Verfassungsgerichtsbarkeit und dezentralisierter Einheitsstaat.

Menschenrechte: Die Gewährleistung der Menschenrechte gilt heute als unverzichtbare Grundlage des Verfassungsstaates. Gewiss gab es vor der Französischen Erklärung der Menschen- und Bürgerrechte englische und amerikanische Vorläufer. Aber Sieyes war einer der ersten und einflussreichsten Herolde der Menschenrechte-Idee in Frankreich und auf dem europäischen Kontinent. Mit Locke und Jefferson ortete er den Ursprung der Menschenrechte im Naturrecht; sie sind demzufolge vorstaatlich, überstaatlich und vom Staat zu gewährleisten. Im Zentrum stehen die Freiheitsrechte, darunter prominent die Eigentumsgarantie. Indessen postulierte Sieyes bereits Sozialrechte wie das Recht auf Sozialhilfe und das Recht auf Bildung. Das allgemeine Wahlrecht entsprach noch nicht seinen Wertvorstellungen, aber immerhin schwebte ihm die Vision einer schrittweisen Ausweitung der Aktivbürgerschaft vor, entsprechend dem Fortschritt der Aufklärung.

Geschriebene Verfassung: Fast jeder Staat besitzt heute eine geschriebene Verfassung.

Angeregt durch englische und amerikanische Vorbilder, waren Polen und Frankreich auf dem europäischen Kontinent die ersten Länder, welche 1791 geschriebene Verfassungen einführten. Sieyes zählt auch in dieser Hinsicht zu den ersten und einflussreichsten Vertretern Europas. Niemand hat so viele Verfassungskonzepte entworfen wie er. Das stolze Selbstlob "La Constitution c'est moi" hat einen wahren Kern. Leider ist kein vollständiger Verfassungsentwurf aus der Feder von Sieyes überliefert. Der Konvent verbot 1793 die Drucklegung seines Alternativprojekts zur Gironde-Verfassung. Der Text ist verschollen.

Repräsentation: Sieyes konkretisierte die Idee der Repräsentation. Sie ist in seinem Konzept nicht virtuell, sondern von den Ständen befreit und real mit der Volkssouveränität verbunden. Wie Harrington und Madison plädierte er für die reine Repräsentation anstelle der direkten Demokratie. Er setzte sich wie Burke für das freie Mandat der Abgeordneten ein. Dabei präzisierte er, dass die Repräsentanten nicht nur ihren Wahlkreis vertreten, sondern die ganze Nation. Sieyes weitete den Repräsentationsbegriff in unüblicher Weise aus. Er verstand als Repräsentanten nicht nur die Stellvertreter der gesetzgebenden Körperschaft, sondern alle öffentlichen Amtsträger und darüber hinaus auch die privaten Beauftragten im Rahmen der gesellschaftlichen Arbeitsteilung.

Gewaltenteilung: Die Sieyes'sche Unterscheidung von *pouvoir constituant* und *pouvoirs constitués* gehört heute zu den unbestrittenen Gemeinplätzen der Verfassungstheorie. Die verfassten Gewalten von Gesetzgebung, Ausführung und Rechtsprechung unterteilte Sieyes wie Montesquieu in Unterfunktionen. Aber im Gegensatz zu Montesquieu wies er die Unterfunktionen je einem einzigen Staatsorgan zu oder, wenn er zwei Staatsorganen die gleiche Unterfunktion anvertraute, setzte er über ihnen einen Schiedsrichter ein. Dadurch erwartete er, eine Blockierung im Räderwerk der Staatsmaschine verhindern zu können. Sieyes achtete auf die strikte personelle Trennung, indem keine Person mehr als einem Staatsorgan angehören sollte. Wie Harrington legte er grossen Wert auf die zeitliche Machtteilung mit kurzen Amtszeiten, gestaffelter Teilerneuerung und Unterbruch der Wiederwählbarkeit. Die Spitze der Exekutive wollte er mit einer einzigen Person besetzen, sei es ein Erbmonarch, ein Wahlmonarch oder ein republikanischer *Grand Electeur*.

Verfassungsgerichtsbarkeit: Sieyes ist der Erfinder der abstrakten Normenkontrolle und der individuellen Verfassungsbeschwerde. Selten wird diese Leistung in der Literatur gebührend gewürdigt.

Dezentralisierter Einheitsstaat: Die Formel der einen und unteilbaren Nation trägt den Stempel von Sieyes. Er ist der Erfinder der territorialen Gliederung Frankreichs, die im wesentlichen bis zum heutigen Tag Bestand hat.

Keith Michael Baker hat Recht: Sieyes war "der erste und profundeste Theoretiker der Französischen Revolution".[149] Unter den französischen Staatsdenkern des 18. Jahrhunderts steht Sieyes im Schatten von Montesquieu und Rousseau. Seine Langzeitwirkung wurde indirekt über die Errungenschaften der Französischen Revolution vermittelt.

ANMERKUNGEN

1 Schmitt 1987, S. 105
2 In der Sieyes-Edition 1981 fehlt die Motion vom 15. Juni , in der Sieyes-Edition 1989 jene vom 17. Juni
3 Michelet 1888, Bd. 1, S. 189
4 ibid., S. 216
5 Furet/Halévi 1989, S. 1003
6 Hafen 1994, S. 17f; Bredin 1988, S. 116
7 Bastid 1970, S. 289-312; Forsyth 1987, S. 37-68; Hafen 1994, S. 143-168
8 Sieyes bestritt die Autorschaft der vorangestellten *Instruction donné par S.A.S. Monseigneur le Duc d'Orléans à ses Représentans aux Bailliages (XXXVI/22f)*.
9 Sieyes 1981, S. 34
10 Besonders markant: *Fonds Sieyes*, 284 AP5 D1.11 (Hafen 1994, S. 38-42)
11 Sieyes 1994, S. 62
12 ibid., S. 32-42
13 Zum Repräsentationsbegriff in einem weiteren Sinne: Hafen 1994, S. 54-61
14 *Fonds Sieyes*, 284 AP2 D15.2 (Hafen 1994, S. 154)
15 ibid (Hafen 1994, S. 152)
16 *Fonds Sieyes*, 284 AP2 D15.3 (Hafen 1994, S. 154-160)
17 *Fonds Sieyes*, 284 AP3 D2.3 (Hafen 1994, S. 157f)
18 Paine 1791/92, S. 187
19 Siehe die Kontroverse zwischen Jellinek (1901) und Boutmy (1902)

20 Ernst Ziegler (1974), *Jacob Burckhardts Vorlesung über die Geschichte des Revolutionszeitalters in den Nachschriften seiner Zuhörer*, Basel/Stuttgart, S. 195

21 Bastid 1970, S. 83

22 Bredin 1988, S. 143

23 Bastid 1970, S. 84f

24 in: Sieyes 1994, S. 12f

25 Die Sieyes-Edition von 1989 umfasst 42 Artikel, jene von 1981 und 1994 32 Artikel. Diese und andere Abweichungen sind indessen eher zweitrangig.

26 Gemeint ist jeder Mensch.

27 Das Recht auf Arbeitslosenunterstützung findet sich nur in der Edition von 1989 (IX/Art. 27), nicht in der Erstfassung (Sieyes 1994, S. 205, Art. 25) und auch nicht in der späteren Kurzfassung (X/Art. 25).

28 Forsyth 1987, S. 108f

29 Sieyes 1994, S. 206 (Art. 31)

30 Godechot 1989, S. 39

31 Marx 1852/69, S. 974

32 Bastid 1970, S. 115/117; Bredin 1988, S. 192f

33 Bastid 1970, S. 114; Bredin 1988, S. 198

34 Sieyes 1994, S. 205

35 Hafen 1994, S. 176

36 ibid., S. 263

37 *Fonds Sieyes*, 284 AP4 D11 (Hafen 1994, S. 176)

38 Althusius 1614, IX/9-11, XVII/25-29; Montesquieu 1748, IX/1; Rousseau 1762, III/15, S. 431; Rousseau 1772, V, S. 970f; *The Federalist Papers*, No. 9

39 Schulin 1988, S. 94
40 Hafen 1994, S. 176
41 Bastid 1970, S. 364, 405-408
42 Bredin 1988, S. 160-165
43 Godechot 1989, S. 76
44 ibid.
45 Montesquieu 1748, XI/6
46 ibid.
47 Sieyes 1994, S. 206
48 Hafen 1994, S. 192-194
49 Godechot 1989, S. 78
50 Hafen 1994, S. 276-284
51 "Conseil de discussion" ist wohl ein Druckfehler, jedenfalls sinnwidrig.
52 Hafen 1994, S. 293-312
53 Jan Metzger, *Die Milizarmee im klassischen Republikanismus*, Bern 1999, Kap. 6-9
54 Rousseau 1772, XII, S. 1014
55 Smith 1776, V/1-1
56 *The Federalist Papers*, No. 8, 24-29
57 Forsyth 1987, S. 212
58 Bastid 1970, S. 203
59 *The Federalist Papers*, No. 10
60 Bodin 1576, II/2
61 Rousseau 1762, III/3
62 Bastid 1970, S. 121
63 Godechot 1989, S. 41
64 Furet/Halévi 1996 (Buchtitel)
65 Bastid 1970, S. 123
66 Schulin 1988, S. 118
67 Bastid 1970, S. 124-129; Bredin 1988, S. 216f
68 Bastid 1970, S. 129; Bredin 1988, S. 227; Schulin 1988, S. 119; Godechot 1989, S. 274

69 Godechot 1995, S. 69
70 Furet/Richet 1987, S. 241f
71 Hafen 1994, S. 183-192
72 Sieyes 1994, S. 206
73 284 AP4 D7 (Hafen 1994, S. 188-192)
74 Bredin 1988, S. 245
75 Bastid 1970, S. 137
76 Siehe vor allem die Rede von Saint-Just über die Verfassung vom 24.4.1793 (Fischer 1974, S. 297-305)
77 Godechot 1989, S. 280
78 Anderer Meinung: Bredin 1988, S. 258
79 "Aux Citoyens français sur la nouvelle Constituion", in: *Oeuvres de Condorcet,* Tome XII, Paris 1847-1849, S. 651-675
80 Godechot 1989, S. 283/286
81 Godechot 1995, S. 79
82 *The Federalist Papers* 1787/88, No. 10
83 Paine 1791/92, S. 180
84 Hafen 1994, S. 54-61
85 Pasquino 1987, S. 215
86 Berlin 1958
87 Constant 1819
88 Bredin 1988, S. 284
89 Michelet 1888, Bd. 5, S. 404
90 Bastid 1970, S. 148
91 Bredin 1988, S. 307-312
92 Siehe die faszinierende Gegenüberstellung der beiden Persönlichkeiten von Bredin 1988, S. 283-292
93 Fischer 1974, S. 330-340
94 ibid., S. 341-362
95 Machiavelli (1513), III, S. 193

96 Bastid 1970, S. 155
97 ibid., S. 168f
98 *Fonds Sieyes*, 284 AP5 D1.3 (Hafen 1994, S. 200)
99 Minutiöse Analyse bei Bastid 1939
100 Rousseau 1762, I/6: "(...) aliénation totale de chaque associé avec tous ses droits à toute la communité (...) sans réserve(...)"
101 Locke 1690, II/135
102 Bredin 1988, S. 366/546
103 *Fonds Sieyes*, 284 AP2 D.15.3 (Hafen 1994, S. 155-157)
104 Harrington 1656, S. 172-174
105 *Fonds Sieyes*, 284 AP5 D1.1 und D1.3 (Hafen 1994, S. 210f)
106 Burke 1790, S. 53
107 ibid., S. 61
108 *The Federalist Papers*, No. 78
109 Bastid 1939, S. 51; Hafen 1994, S. 221
110 Oelsner 1799/1800, S. 255
111 Conac/Machelon 1999, S. 267-273
112 Riklin 1999, S. 189ff
113 Liljegren 1932, S. 105-162
114 *Fonds Sieyes*, 284 AP5 D2.7
115 Boulay de la Meurthe 1836, S. 41
116 Aus nicht näher erklärten Gründen reduzierte Sieyes in den *Observations* die 6 Mio. Bürger auf 1 Mio. Wähler, die Gemeindeliste dementsprechend auf 100'000, die Departementsliste auf 10'000 und die Nationsliste auf 1'000.
117 Boulay de la Meurthe 1836, S. 33
118 ibid., S. 23
119 ibid., S. 40

120 ibid., S. 27
121 ibid., S. 20/29
122 Montesquieu 1748, V/19
123 Boulay de la Meurthe 1836, S. 50
124 ibid., S. 49
125 *Fonds Sieyes*, 284 AP5 D2.7, S. 5
126 Boulay de la Meurthe 1836, S. 15
127 *Fonds Sieyes*, 284 AP5 D2.7, S. 2
128 Boulay de la Meurthe 1836, S. 32
129 ibid., S. 23
130 Hafen 1994, S. 237-239
131 Boulay de la Meurthe 1836, S. 30/40
132 ibid., S. 25f
133 *Fonds Sieyes*, 284 AP4 D10 (Hafen 1994, S. 285f)
134 Oelsner 1799/1800, S. 255
135 *Fonds Sieyes*, 284 AP3 D2.1
136 ibid., 284 AP5 D1.3
137 His 1920, S. 353
138 Riklin 1989, S. 436-440
139 Riklin 1999, S. 200-206/209f
140 Riklin 1991, S. 279-284
141 *The Federalist Papers* 1787/88, No. 14
142 Montesquieu 1748, II/3
143 Harrington 1656, S. 227
144 Riklin 1999, S. 169
145 Forsyth 1987, S. 67; Hafen 1994, S. 210f
146 Liljegreen 1932, S. 29/44-79
147 *Fonds Sieyes*, 284 AP2 D15.2 (Hafen 1994, S. 152)
148 Boulay de la Meurthe 1836, S. 21/23
149 Baker 1992, S. 296

QUELLEN ZU SIEYES

Die Fundstellen in den publizierten Werken von Sieyes werden in der Regel im Text zwischen Klammern ausgewiesen und zwar aufgrund der dreibändigen *Oeuvres de Sieyes* (EDHIS, Paris 1989). Diese Edition hat keine durchlaufende Paginierung; deshalb wird die Nummer des Dokuments mit römischen und die Seite des entsprechenden Dokuments mit arabischen Ziffern angegeben (zB I/1 = erstes Dokument/Seite 1). Weil die Edition von *Qu'est-ce que le Tiers état?* in den *Oeuvres de Sieyes* nicht befriedigt, wird diese Schrift anhand der kritischen Ausgabe von Roberto Zapperi (Genève 1970) zitiert und zwar mit der Abkürzung TE (zB TE/119 = Tiers état/Seite 119).

Die unveröffentlichten Manuskripte des *Fonds Sieyes* der *Archives Nationales* werden entsprechend dem Vorschlag von Thomas Hafen (1994, S. 342) wie folgt zitiert: 284 AP3 D2.1 = Fonds Sieyes (284 AP), 3. Karton (AP3), 2. Dossier (D2), 1. Heft (2.1.).

Die dreibändigen *Oeuvres de Sieyes* (EDHIS, Paris 1989) enthalten die folgenden Quellen:

I:	Essai sur les privilèges. S.1., 1789. 54 pp.
II:	Vues sur les moyens d'exécution dont les Représentans de la France pourront disposer en 1789. S.1., 1789, 161 pp.
III:	Qu'est-ce que le Tiers-Etat? S.1., 1789. 127 pp.
IV:	Instruction donnée pas S.A.S. Monseigneur le duc d'Orléans à ses Représentans aux bailliages. Suivie de délibérations à prendre dans les assemblrées. S.1., 1789. 75 pp.
V:	Motion faite par M. l'abbé Sieyès: Du 10 juin 1789. Suivie de l'arrêté des Communes du même jour. Paris, Volland, 1789. 8 pp.

VI: Motion de Sieyès, à la séance des Communes, le 15 Juin 1789. Extrait de la *Gazette nationale ou le Moniteur universel.*

VII: Intervention de Sieyès dans le débat sur les "mandats impératifs" confiés aux Représentants par leurs électeurs. Extrait du *Moniteur*.

VIII: Quelques idées de Constitution applicables à la Ville de Paris. En juillet 1789. Versailles, Baudouin, s.d. 37 pp.

IX: Préliminaire de la Constitution Françoise. - Reconnaissance et exposition raisonnée des Droits de l'Homme et du Citoyes. 1789. Paris, Baudouin. 51 pp.

X: Déclaration des Droits du Citoyen françois, détachée du Préliminaire de la Constitution. Paris, Baudouin, 1789. 10 pp.

XI: Observations sommaires sur les biens ecclésiastiques. Du 10 août 1789. Versailles, Baudouin. 48 pp.

XII: Dire de l'abbé Sieyès, sur la question du veto royal, à la séance du 7 septembre 1789. Paris, Baudouin. 32 pp.

XIII: Observations sur le rapport du comité de Constitution, concernant la nouvelle organisation de la France. Versailles, Baudouin, 1789. 53 pp.

XIV: Projet de loi contre les délits qui peuvent se commettre par la voie de l'impression et par la publication des écrits et des gravures, etc. Présenté à l'Assemblée Nationale, le 20 janvier 1790, par le Comité de Constitution. A Paris, de l'Imprimerie Nationale. 24 pp.

XV: Opinion d'un député sur le clergé. Cette opinion doit être incessamment proposée à l'Assemblée nationale. S.1., n.d. 12 pp.

XVI: Projet d'un décret provisoire sur le clergé, etc. Par l'abbé Sieyès. Du 12 Février 1790. Paris, Imprimerie nationale, 1790. 40 pp.

XVII: Aperçu d'une nouvelle organisation de la justice et de la police en France. Mars 1790. Paris, Imprimerie nationale. 62 pp.

XVIII: Ebauche d'un nouveau plan de Société patriotique, adopté par le Club de Mil Sept Cent quatre-vingt-neuf. Paris, Imprimerie nationale. 16 pp.

XIX: Discours de Sieyès, 8 juin 1790, après son élection à la Présidence de l'Assemblée. Extrait du *Moniteur*.

XX: Lettre de M. Washington, Président des Etats-Unis à M. le Président de l'Assemblée nationale [suivie de la lettre de Sieyès à Washington, du 20 juin 1790]. (Paris), Imprimerie nationale. 7 pp.

XXI: Département de Paris. Arrêté du Directoire, concernant les églises paroissiales, les chapelles et autres édifices religieux de la Ville de Paris. Paris, Imprimerie du Département, 1791. 6 pp.

XXII: Lettre de Sieyès au Président de l'Assemblée électorale du département de Paris, pour décliner la candidature à l'évêché. 1 mars 1791. Extrait du *Moniteur*.

XXIII: Notes de Sieyès dans le *Moniteur* du 4 mai 1791 sur l'intitulé des lois.

XXIV: Opinion de M. Emm. Sieyès, député de Paris à l'Assemblée nationale, le 7 mai 1791; en réponse à la dénonciation de l'arrêté du Département de Paris, du 11 avril prédédent, sur les édifices religieux et la liberté générale des cultes. (Paris), Imprimerie nationale. 23 pp.

XXV: Interventions de Sieyès dans le débat sur les colonies, le 12 mai 1791. Extraits du *Moniteur*.

XXVI-XXVII: Réponse de Sieyès, Président de l'Assemblée nationale, à une adresse de l'Académie des Sciences, lue par Condorcet. Séance du 12 juin 1790. Réponse de Sieyès à une adresse des gens de maisons, à la même séance. Extraits du *Moniteur*.

XXVIII: Déclaration volontaire proposée aux Patriotes des quatre-vingt-trois Départemens, ce 17 juin 1791. A Paris, de l'Imprimerie nationale, 1791. 16 pp.

XXIX-XXX: Note de Sieyès dans le *Moniteur* du 6 juillet 1791.
Lettre de Thomas Paine à Sieyès, 8 juillet 1791.
Réponse de Sieyès. Extraites du *Moniteur* du 16 juillet 1791.

XXXI: Lettre de Sieyès à Stanislas de Clermont-Tonnerre, du 13 octobre 1791. Extrait du *Moniteur*.

XXXII: Des intérêts de la Liberté dans l'état social et dans le système représentatif. Par Em. Sieyès. Extrait du *Journal d'Instruction sociale* par les citoyens Condorcet, Sieyès et Duhamel, du 8 juin 1793. (16) pp.
Nota: La suite annoncée n'a pas paru.

XXXIII: Du nouvel établissement de l'Instruction en France. (45) pp. Extrait du *Journal d'Instruction sociale*, des 22 juin, 29 juin et 6 juillet 1793.

XXXIV: Déclaration de Sieyès à la Convention, le 20 brumaire an II, sur sa renonciation à l'état ecclésiastique. Extrait du *Moniteur*.

XXXV: Rapport du Comité de Défense générale pour organiser le Ministère de la Guerre. (Paris), Imprimerie nationale, s.d. (1793). 30 pp.

XXXVI: Notice sur la vie de Sieyès, membre de la première Assemblée nationale et de la Convention. Ecrite à Paris, en messidor, deuxième année de l'ère républicaine (vieux style, juin 1794). En Suisse et se trouve à Paris, chez Maradan, l'an troisième. 66 pp.

XXXVII: Discours prononcé à la Convention nationale, dans la séance du 20 ventôse, l'an III. (Paris), Imprimerie nationale. 4 pp.

XXXVIII: Rapport fait à la Convention nationale, le premier germinal, l'an III de la République, an nom des comités de Salut public, de Sûreté générale et de législation. (Paris), Imprimerie nationale. 14 pp.

XXXIX: Rapport fait au nom du Comité de Salut public, sur le traité de paix et d'alliance entre la République française et la République des Provinces-Unies; par Sieyès, séance du 4 prairial, l'an troisième de la République française. Paris, Imprimerie nationale. 6 pp.

XL: Opinion de Sieyès, sur plusieurs articles des titres IV et V du projet de constitution, prononcé à la Convention le 9 thermidor de l'an troisième de la République. Paris, Imprimerie nationale. 23 pp.

XLI: Opinion de Sieyès, sur les attributions et l'organisation du Jury Constitutionnaire proposé le 2 thermidor, prononcé à la Convention nationale le 18 du même mois, l'an 3 de la République. Paris, Imprimerie nationale. 24 pp.

XLII: Intervention de Sieyès au Conseil des Cinq-Cents, sur l'emprunt forcé. Séance du 16 frimaire, an IV. Extrait du *Moniteur*.

XLIII: Superbe discours prononcé par le citoyen Sieyès lors de son entrée au Directoire. Réponse faite par le citoyen Merlin Président. S.1., Imprimerie de Mugnier, s.d. 8 pp. (Floréal an VII).

XLIV: Discours prononcé à la Fête des 9 et 10 thermidor par le citoyen Sieyès, président du Directoire exécutif. S.1. (4) pp.
Daté de Caen, 19 thermidor an 7.

XLV: Discours prononcé par le citoyen Sieyès, président du Directoire exécutif, à la fête du quatorze juillet, le 26 messidor, an VII. Extrait du *Moniteur*.

XLVI: Discours du C.[en] Sieyès, président du Directoire exécutif, à la célébration de l'anniversaire du 10 août. Paris, Imprimerie de la République, thermidor, an VII. 6 pp.

XLVII: Discours prononcé par le citoyen Sieyès, président du Directoire exécutif, à la fête commémorative du 18 fructidor. Extrait du *Moniteur* du 22 fructidor, an VII.

XLVIII: Discours de Sieyès à la fête célébrée en mémoire de Joubert, le 30 fructidor an VII. Extrait du *Moniteur*.

Sieyes, Emmanuel (1789), *Qu'est-ce que le Tiers état?*, Edition critique avec une introduction et des notes par Roberto Zapperi, Genève 1970

Sieyes, Emmanuel Joseph (1796), *Politische Schriften, vollständig gesammelt von dem deutschen Übersetzer nebst zwei Vorreden über Sieyes Lebensgeschichte, seine politische Rolle, seinen Charakter, seine Schriften usw.*, 2 Bde., o.O.

Sieyes, Emmanuel Joseph (1981), *Politische Schriften 1788-1790*, übersetzt und herausgegeben von Eberhard Schmitt und Rolf Reichardt, 2. Auflage, München/Wien

Sieyes, Emmanuel Joseph (1989), *Oeuvres de Sieyes*, 3 Bände, EDHIS, Paris

Sieyes, Emmanuel Joseph (1994), *Ecrits politiques*, Choix et présentation de Roberto Zapperi, Bruxelles (réimpression)

Andere Quellen

Althusius, Johannes (1614), *Politica methodice digesta*, Herborn

Bodin, Jean (1576), *Les six livres de la république*, Paris

Burke, Edmung (1790), *Betrachtungen über die Französische Revolution*, Frankfurt a.M. 1967

Constant, Benjamin (1819), "De la liberté des anciens comparée à celle des modernes", Ders., *Über die Freiheit*, Basel 1946, S. 27-60

Fischer, Peter, Hrsg. (1974), *Reden der Französischen Revolution*, München

Furet, François/Halévi, Ran, éds. (1989), *Orateurs de la Révolution française*, Vol. 1: Les constituants, Paris

Godechot, Jacques (1995), *Les constitutions de la France depuis 1789*, Paris

Harrington, James (1656), "Oceana", *The Political Works*, Ed. with an Introduction by John G.A. Pocock, Cambridge

"La Constitution 'girondine' " (1793), Alphonse Aulard, *La Révolution française*, Bd. 34, 1898, S. 507-547

Liljegren, Sten B. (1932), *A French Draft Constitution of 1792 Modelled on James Harrington's 'Oceana'*, Lund

Locke, John (1690), *Two Treatises of Government*, London

Machiavelli, Niccolò (1513), *Principe*, Florenz

Marx, Karl (1852/69), "Der achtzehnte Brumaire des Louis Bonaparte", Karl Marx, *Ausgewählte Schriften*, hrsg. v. Boris Goldenberg, München 1962, S. 972-1090

Montesquieu, Charles de Secondat (1748), *De l'esprit des lois*, Genève

Paine, Thomas (1791/92), *The Rights of Man*, Penguin Classics, Harmondsworth 1985

Rials, Stéphane (1988), *La déclaration des droits de l'homme et du citoyen*, Paris
Rousseau, Jean-Jacques (1762), "Du contrat social", *Oeuvres complètes*, Bd. 3, Paris 1964, S. 347-470
Rousseau, Jean-Jacques (1772), "Considérations sur le gouvernement de Pologne et sur la réforme projettée", *Oeuvres complètes*, Bd. 3, S. 951-1041
Smith, Adam (1776), An Inquiry into the Nature and Causes of the Wealth of Nations, 2 Bde., London
The Federalist Papers (1787/88), Ed. By Clinton Rossiter, New York 1961

Literatur

Aulard, Alphonse (1924), *Politische Geschichte der Französischen Revolution, Entstehung und Entwicklung der Demokratie und der Republik 1789-1804*, 2 Bde., München und Leipzig

Baker, Keith Michael (1992), "Sieyes", Furet, François/Ozouf, Mona et collaborateurs, *Dictionnaire critique de la Révolution française, Acteurs*, Paris, S. 295-313

Bastid, Paul (1939), *Les Discours de Sieyes dans les débats constitutionnels de l'an III (2 et 18 Thermidor)*, Edition critique avec une introduction et des notes, Paris

Bastid, Paul (1970), *Sieyes et sa pensée*, 2. Auflage, Paris

Berlin, Isaiah (1958), "Two Concepts of Liberty", Ders., *Four Essays on Liberty*, Oxford 1979, S. 118-172

Boulay de la Meurthe, Antoine (1836), *Théorie constitutionnelle de Sieyes, Constitution de l'an VIII*, Paris

Boutmy, Emile (1902), "Die Erklärung der Menschen- und Bürgerrechte und Georg Jellinek", Roman Schnur (Hrsg.), *Zur Geschichte der Erklärung der Menschenrechte*, Darmstadt 1964, S. 78-112

Bredin, Jean-Denis (1988), *Sieyes, La clé de la Révolution française*, Paris

Conac, Gérard/Machelon, Jean-Pierre, éd. (1999), *La Constitution de l'an III, Boissy d'Anglas et la naissance du libéralisme constitutionnel*, Paris

Forsyth, Murray Greensmith (1987), *Reason and Revolution, The Political Thought of the Abbé Sieyes*, New York

Furet, François / Richet, Denis (1987), *Die Französische Revolution*, Aus dem Französischen, Frankfurt a.M.

Furet, François/Ozouf, Mona et collaborateurs (1992), *Dictionnaire critique de la Révolution française*, 4 Bde., Paris

Furet, François / Halévi, Ran (1996), *La Monarchie républicaine, La Constitution de 1791*, Paris

Godechot, Jacques (1989), *Les institutions de la France sous la Révolution et l'Empire*, 4. Auflage, Paris

Hafen, Thomas (1994), *Staat, Gesellschaft und Bürger im Denken von Emmanuel Joseph Sieyes*, Bern

His, Eduard (1920), *Geschichte des neueren schweizerischen Staatsrechts*, Bd. 1, Basel

Jellinek, Georg (1901/1902/1927), "Die Erklärung der Menschen- und Bürgerrechte", Roman Schnur (Hrsg.), *Zur Geschichte der Erklärung der Menschenrechte*, Darmstadt 1964, S. 1-77/113-128

Kemp, Wolfgang (1973), "Das Bild der Menge (1789-1830)", *Städel-Jahrbuch*, N.F., Bd. 4, S. 249-270

La Révolution française et l'Europe 1789-1799 (1989), XXe Exposition du Conseil de l'Europe, 3 Bde., Paris

Leith, James A. (1965), *The Idea of Art as Propaganda in France*, University of Toronto Press

Loewenstein, Karl (1961), "Die Diktatur Napoleons des Ersten, Eine verfassungsrechtliche Untersuchung", Ders., *Beiträge zur Staatssoziologie*, Tübingen, S. 172-209

Michelet, Jules (1888), *Histoire de la Révolution*, 9 Bde., Paris

Oelsner, Conrad-Engelbert (1799/1800), *Des opinions politiques du citoyen Sieyes, et sa vie comme homme public*, Paris

Pasquino, Pasquale (1987), "Emmanuel Sieyes, Benjamin Constant et le 'Gouvernement des modernes', Contribution à l'histoire du concept de représentation politique", *Revue française de science politique*, vol. 37, 1987/2, S. 214-229

Reichhardt, Rolf (1998), "Light against Darkness: The Visual Representations of a Central Enlightenment Concept", *Representations*, Winter 1998, Number 61, S. 95-148

Riklin, Alois (1989), "Montesquieus freiheitliches Staatsmodell, Die Identität von Machtteilung und Mischverfassung", *Politische Vierteljahresschrift*, 30. Jg., Heft 3, S. 420-442

Riklin, Alois (1991), "John Adams und die gewaltenteilige Mischverfassung", *Zeitschrift für Politik*, 38. Jg., Heft 3, S. 274-293

Riklin, Alois (1999), *Die Republik von James Harrington 1656*, Bern/Wien

Schmitt, Eberhard (1987), "Sieyes", Hans Maier u.a. (Hrsg.), *Klassiker des politischen Denkens*, Bd. 2, 5. Auflage, S. 101-118

Schulin, Ernst (1988), *Die Französische Revolution*, München

Inhalt

Sternstunde 7

Revolutionäres Programm 19

Geschichtstheorie 21
Vertragstheorie 24
Interessentheorie 27
Repräsentationstheorie 31
Gewaltenteilungstheorie 39
Strategie 46

Konstitutionelles Experimentierfeld 52

Erklärung der Menschen- und Bürgerrechte 54
Republikanisch-monarchische Verfassung 74
Demokratische Verfassungen 128
Republikanische Verfassung 195
Scheinrepublikanische Verfassung 240

Gewaltenteilige Mischverfassung 265

Grundtypen der Gewalten 266
Verfasste Gewalten 275
Hauptcharakteristika 284

Was bleibt? 293

Anmerkungen 298
Quellen zu Sieyes 304
Andere Quellen 311
Literatur 313